POLYGLOTT on tour

Kanarische Inseln

POLYGLOTT SEIT 1902 GUTE REISE UND DIE WELT GEHÖRT MIR

Der Autor

Rolf Goetz

studierte Publizistik und Psychologie und arbeitet als freier Journalist und Fotograf – im Sommer in Stuttgart, im Winter auf La Palma. Außer Reise- und Wanderführern schreibt er auch Ratgeber über Ernährung und Gesundheit.

REISEPLANUNG

LAND & LEUTE

UNTERWEGS AUF DEN KANARISCHEN INSELN

Surferparadies Playas de
Sotavento auf Fuerteventuras
Halbinsel Jandía

REISE-PLANUNG

Die Reiseregion im Überblick

Die Kanaren haben das ganze Jahr über Saison. Das ausgeglichene Klima mit nicht allzu heißen Sommern und milden Wintern macht die Inselgruppe vor Nordwestafrika zu einem der beliebtesten Bade- und Wanderziele Europas. Zudem ist eine Reise auf die Kanaren von Mitteleuropa aus der schnellste Weg in die Sonne – die Flugzeit beträgt nur etwa vier Stunden.

Trotz des gemeinsamen vulkanischen Erbes hat jede der sieben Hauptinseln einen eigenständigen Charakter. **Teneriffa** vereint die meisten Superlative auf sich: Sie ist die größte und mit dem 3718 m hohen Teide die höchste Insel. Mit ihren faszinierenden Naturräumen gilt sie zudem als die spektakulärste und vielseitigste der Kanaren.

La Palma im Westen darf sich zu Recht die grünste Insel der Kanaren nennen. Kiefernwälder in den hohen Lagen, Reste eines tertiären Lorbeerwaldes im feuchten Norden und dazu ein alpin anmutender Gebirgskamm machen die »Isla verde« zu einem echten Wanderparadies.

Hervorragend wandern kann man auch auf **La Gomera**. Markenzeichen der in den 1970er-Jahren von den Hippies für sich entdeckten Insel sind tiefe Schluchten, liebliche Palmentäler und ein von dichtem Nebelwald überzogenes Hochland. Das am äußersten südwestlichen Rand des Archipels gelegene **El Hierro** ist bislang nur wenig vom Fremdenverkehr berührt. Die kleinste Insel der Kanaren kann zwar mit beeindruckenden Tauchgebieten aufwarten, die schroff abfallenden Küstenfelsen bieten allerdings kaum Raum für Badespaß am Strand.

Gran Canaria im Zentrum der Kanaren verhalf dem Archipel zu seinem Namen, obschon die Insel nur die drittgrößte ist. Die weitläufigen Sand-

Einer Mondlandschaft gleich: Krater im Nationalpark Timanfaya auf Lanzarote

strände im Süden machten Gran Canaria vor allem als Badeinsel bekannt, doch auch das ursprüngliche Bergland und nicht zuletzt die quirlige Metropole Las Palmas sind eine Erkundung wert.

Fuerteventura im Osten präsentiert sich als fast waldlose, trockene Wüsteninsel. Wegen der kilometerlangen Sandstrände ist »Fuerte« aber ein Paradies für Badegäste. Optimale Windverhältnisse machen sie zudem zum europäischen Mekka der Wind- und Kitesurfer.

Auch **Lanzarote** zeigt sich wegen geringer Niederschläge vegetationsarm. Gewaltige Vulkanausbrüche im 18./19. Jh. verwandelten weite Teile der Feuerinsel in eine bizarre Mondlandschaft. Außer mit dem Nationalpark Timanfaya und traumhaften Stränden punktet Lanzarote mit dem künstlerischen Erbe seines großen Sohns, César Manrique.

Extra-Touren

Tour 1 Höhepunkte auf Teneriffa und Gran Canaria in zwei Wochen

Tour-Übersicht:

Puerto de la Cruz › Playa de las Américas › Nationalpark Teide › La Laguna › Icod de los Vinos › Santa Cruz › Barranco de Masca › Maspalomas › Tejeda › Puerto de Mogán › Las Palmas

Dauer:

Puerto de la Cruz › Loro Parque per Bus ca. 10 Min.; **Puerto de la Cruz › Siam Park** per Bus ca. 1 Std.; **Puerto de la Cruz › Nationalpark Teide** per Mietwagen ca. 2 Std.; **Puerto de la Cruz › La Laguna** per Bus ca. 30 Min.; **Puerto del la Cruz › Icod de los Vinos** per Bus ca. 45 Min.; **Puerto de la Cruz › Masca** per Mietwagen ca. 2 Std.; **Teneriffa Nord › Gran Canaria** per Flugzeug 30 Min.; **Maspalomas › Tejeda** per Mietwagen ca. 2 Std.; **Maspalomas › Puerto de Mogán** per Bus ca. 1 Std.; **Maspalomas › Las Palmas** per Bus ca. 1 Std.

Verkehrsmittel:

Tagesausflüge auf Teneriffa können von Puerto de la Cruz aus per Bus unternommen werden. Für Exkursionen in den Nationalpark und nach Masca empfiehlt sich ein Mietwagen. Der Flug von Teneriffa Nord nach Gran Canaria kann online über www.bintercanarias.com oder vor Ort in allen Reisebüros gebucht werden. Auch auf Gran Canaria sind die meisten Ausflüge per Bus machbar, nur für die Fahrt ins Bergland wird ein Leihwagen benötigt.

Puerto de Mogán überrascht mit vielen Brücken und Kanälen

Die meisten Ferienflieger landen bereits gegen Mittag auf Teneriffa, sodass man am Ankunftstag noch genügend Zeit für einen Stadtbummel durch ***Puerto de la Cruz** › **S. 62** oder für ein kurzes Sonnenbad am Strand hat.

Am zweiten Tag bietet sich der Besuch im Tierpark ****Loro Parque** › **S. 62** im Norden oder im Wasserpark ***Siam Park** › **S. 56** in **Playa de las Américas** an. Für die zahlreichen Attraktionen, die für ein relativ hohes Eintrittsgeld geboten werden, sollte man einen ganzen Tag einplanen.

Der dritte Tag ist für eine Exkursion in den *****Nationalpark Teide** › **S. 58** reserviert – mit seiner bizarren vulkanischen Szenerie ist das Weltnaturerbe sicherlich die spektakulärste Landschaft der Kanaren. Man sollte möglichst zeitig aufbrechen, denn am frühen Morgen ist nicht nur das Licht am schönsten, auch der Andrang an der Seilbahnstation zum *****Pico del Teide** hält sich dann noch in Grenzen. Für die Mittagsrast bietet sich das staatlich geführte Parador-Hotel am Fuß des Bergstocks an.

Tags darauf steht die Besichtigung der Weltkulturerbestadt ****La Laguna** › **S. 64** auf dem Programm. Eventuell bleibt am Nachmittag sogar noch etwas Zeit für den Besuch des tausendjährigen Drachenbaums im westlich von Puerto de la Cruz gelegenen ****Icod de los Vinos** › **S. 61**. Die Hauptstadt ***Santa Cruz** › **S. 51** ist ebenfalls einen Tagesausflug wert.

Nach einem Ruhetag an der **Playa Jardín** › **S. 62** oder in der stilvollen Badelandschaft ***Lago Martiánez** › **S. 62** bietet sich am letzten Tag auf Teneriffa eine Wanderung durch eine der inseltypischen Schluchten an – etwa der wildromantische Abstieg durch die **Masca-Schlucht** › S. 60. Hierfür sollten hin und zurück etwa 6 Std. eingeplant werden.

Am nächsten Tag fliegt man von Teneriffa Nord nach Gran Canaria, wo die Ferienorte an der Süd- bzw. Südwestküste vom Airport aus über die Autobahn zügig zu erreichen sind. Als erste Unternehmung bietet sich eine Tour über die Dünenkämme von ****Maspalomas** › S. 106 an.

Einen vollen Tag benötigt man für die Fahrt in das von der Felsnadel des **Roque Nublo** dominierte Bergland. Mittags empfiehlt sich die Einkehr in einem Landgasthof im Bergdorf **Tejeda** › S. 110.

Ein weiteres sehenswertes und sehr beliebtes Ausflugsziel ist das gern Klein-Venedig genannte ***Puerto de Mogán** › S. 108, das mit seinen Brücken und Kanälen tatsächlich an die italienische Stadt erinnert.

Urbane Lebensart lässt sich bei einem Besuch in **Las Palmas** › S. 100 erleben. Neben der kolonial geprägten ****Altstadt** lohnt sich ein Abstecher ins quirlige Hafenviertel Santa Catalina. Am besten besucht man Las Palmas an einem Wochentag, wenn alle Geschäfte geöffnet sind. Für botanisch Interessierte lohnt sich der Besuch im ****Jardín Canario** › S. 105 vor den Toren der Stadt.

Der Rückflug erfolgt nach einem abschließenden Ruhetag an einem der schönen Sandstrände im Süden.

Tour 2 Eine Wanderwoche auf den Westkanaren

Tour-Übersicht:

Teneriffa › La Gomera › La Palma › Teneriffa

Dauer:

Teneriffa › La Gomera per Fähre 40 Min.; **La Gomera › La Palma** per Fähre 2,5 Std.; **La Palma › Teneriffa** per Flugzeug 30 Min.

Verkehrsmittel:

Sowohl Teneriffa als auch La Palma verfügen über einen internationalen Flughafen, es sind Gabelflüge möglich. Vom Fährhafen in Los Cristianos verbinden alle 1–2 Std. Autofähren mit San Sebastián de La Gomera; von La Gomera nach La Palma verkehrt etwa 5-mal wöchentlich eine Autofähre nach La Palma. La Palma und Teneriffa sind täglich via Luft und Wasser miteinander verbunden. Für die Fortbewegung auf den Inseln ist ein Mietwagen erforderlich, der während der ganzen Tour mitgeführt werden kann. Da allerdings mehrere Fährüberfahrten zu zahlen sind, ist zu überlegen, ob es nicht günstiger ist, auf den verschiedenen Inseln jeweils einen neuen Wagen anzumieten.

› Karte Umschlag

Von Teneriffa als Ausgangsbasis hat man die besten Möglichkeiten, innerhalb einer Woche zwei Nachbarinseln im Westen des Archipels kennenzulernen. Als Standort bietet sich der Fährhafen **Los Cristianos** › **S. 55** an, in dem es einige Unterkünfte für Tagesgäste gibt.

Eine relativ einfache Einstiegstour ist die Wanderung von **Adeje** durch den ***Barranco del Infierno,** die Höllenschlucht › **S. 57** im Süden von Teneriffa (ca. 3 Std.). Am zweiten Wandertag geht es dann hinauf in den *****Nationalpark Teide** › **S. 58.** Eine anspruchsvolle 5-stündige Rundtour dort ist die Besteigung des Guajara (2715 m).

Auf La Gomera sind in **San Sebastián** › **S. 82** und ****Valle Gran Rey** › **S. 84** viele kleine Hotels und Pensionen auf Individualreisende eingestellt. Sofern man am frühen Morgen nach La Gomera übersetzt, bleibt genügend Zeit für die Tour von **Degollada de Peraza** zum **Roque de Agando** (3–4 Std.). Für den zweiten Tag auf La Gomera macht eine etwa 4-stündige Wanderung von **Alto del Contadero** nach **El Cedro** mit dem Lorbeerwald des ***Nationalparks Garajonay** › **S. 87** bekannt.

Die Fähre von La Gomera erreicht La Palma erst am späten Abend; falls man ein Hotel vorgebucht hat, sollte man dieses über die späte Ankunft informieren. Am nächsten Tag kann man vom Aussichtspunkt Cumbrecita eine Schnuppertour entlang des südlichen Randes der ****Caldera de Taburiente** › **S. 74** unternehmen (ca. 1 Std.).

Als krönender Abschluss der Woche steht eine spektakuläre Wanderung auf dem Programm: die 6-stündige Vulkanroute über die **Cumbre Vieja** › **S. 75.**

Im Nationalpark Garajonay auf La Gomera

Tour 3 Badewoche auf Fuerteventura mit einem Ausflug nach Lanzarote

Tour-Übersicht:

Jandía › Betancuria › Corralejo › Playa Blanca › Nationalpark Timanfaya › Fundación César Manrique

Dauer:

Jandía › Betancuria per Mietwagen ca. 45 Min.; **Corralejo › Betancuria** per Mietwagen ca. 45 Min.; **Jandía › Corralejo** per Mietwagen ca. 1,5 Std.; **Corralejo › Playa Blanca** per Fähre 30 Min.; **Playa Blanca › Nationalpark Timanfaya** per Mietwagen 30 Min.; **Nationalpark Timanfaya › Fundación César Manrique** per Mietwagen 30 Min.

Verkehrsmittel:

Ein Mietwagen kann in allen größeren Orten Fuerteventuras ausgeliehen werden, versichern Sie sich aber beim Verleiher, ob der Wagen nach Lanzarote mitgenommen werden darf. Die Autofähre setzt von Corralejo tgl. alle 1–2 Std. nach Playa Blanca auf Lanzarote über, letzte Rückfahrt gegen 19 Uhr.

Fuerteventuras schönste Strände liegen auf der **Halbinsel Jandía** › **S. 122** im Inselsüden. Für einen Abstecher nach Lanzarote ist es jedoch praktisch, sich in **Corralejo** › **S. 117** an der Nordküste einzumieten, da dann die etwa einstündige Anfahrt zum Fährhafen entfällt.

Von beiden Standorten bieten sich abseits der Strände reizvolle Ausflüge ins Hinterland an. Ein Muss ist der Besuch der alten Hauptstadt ****Betancuria** › **S. 121**, wo sich gleich neben der im Kolonialstil erbauten Pfarrkirche die Casa Santa Maria, eine der schönsten Einkehrmöglichkeiten auf der Insel, befindet. Das restaurierte Herrenhaus bietet neben einem schönen Garten und einer Ausstellung zur Kultur und Geschichte der Insel auch die Möglichkeit, das lokale Kunsthandwerk kennenzulernen.

Da die Überfahrt nach **Playa Blanca** › **S. 131** auf Lanzarote nur eine halbe Stunde dauert, lohnt sich bereits ein Tagesausflug dorthin. Erste Station auf der Nachbarinsel sind die beeindruckenden Feuerberge im ****Nationalpark Timanfaya** › **S. 132**, von hier aus geht es vorbei am von César Manrique entworfenen ***Monumento al Campesino** › **S. 133** und weiter Richtung Tahiche. Dort kann man die ****Fundación César Manrique** › **S. 133** im ehemaligen Wohnhaus des Künstlers besichtigen, das extravagant in die Vulkanlandschaft eingepasst ist.

Vor der Rückfahrt nach Fuerteventura kann man in einem Terrassenlokal am Jachthafen **Puerto Calero** › **S. 129** oder in einem Landgasthof im reizvollen ***Yaiza** › **S. 130** einkehren.

Klima & Reisezeit

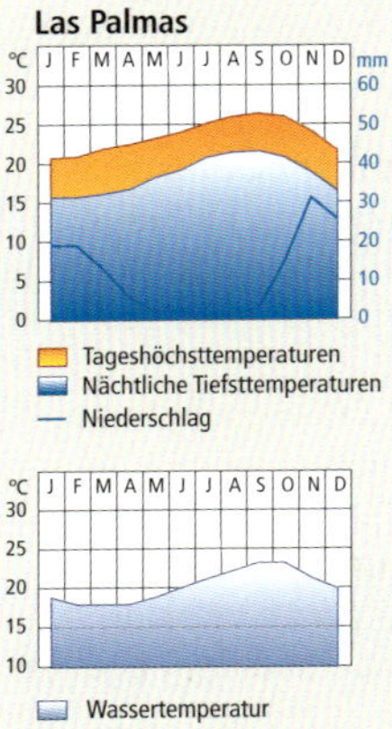

Nicht von ungefähr wird das Klima der Kanarischen Inseln als eines der angenehmsten der Welt gerühmt; auch was die Zahl der Sonnenstunden angeht, liegen die Kanaren europaweit an der Spitze. Mit nicht allzu heißen Sommern und im Vergleich zu Mitteleuropa warmen Wintern unterliegen die Jahreszeiten keinen großen Temperaturschwankungen. Die Kanarischen Inseln sind rund ums Jahr ein beliebtes Reiseziel.

Wetterbestimmend ist der Nordostpassat, der den Inseln nicht nur eine beständige frische Brise beschert, sondern auch feuchte Wolkenmassen mit sich führt. Auf den Ostinseln sind die Berge relativ niedrig, sodass die Wolken darüber hinwegziehen, ohne eine nennenswerte Menge von ihrem kostbaren Nass abzugeben. Entsprechend trocken und vegetationsarm präsentieren sich die Inseln Lanzarote und Fuerteventura. An den Nordhängen der Gebirgsmassive der Zentral- und Westinseln dagegen stauen sich die Wolken und bescheren zumindest dem Nordosten reichlich Niederschläge.

In Lagen oberhalb von 2000 m kann es im Winter schneien; von Dezember bis März ziert vielfach ein Sahnehäubchen den Gipfel des 3718 m hohen Teide auf Teneriffa.

SEITENBLICK

Wann wohin?

Dank der milden Temperaturen sind die Kanaren ganzjährig als Reiseziel geeignet. Hauptreisezeit sind die Wintermonate mit absoluten Spitzen an Weihnachten und Ostern; hier muss man bis zu einem halben Jahr vorher disponieren. Auch in den Sommerferien können die Flüge mitunter knapp werden. Beste Reisezeit für Aktivurlauber wie Wanderer und Biker sind das Frühjahr und der Herbst.

Im Norden bringen die Passatwolken gerade in den Wintermonaten manch verhangenen und regnerischen Tag mit sich. Wem es auf Sonne total ankommt, der sollte sich im Winter besser auf den sonnensicheren Südseiten bzw. auf La Palma im Südwesten einmieten.

Anreise

Mit dem Flugzeug

Santa Cruz de Tenerife und Las Palmas de Gran Canaria werden mit Linienflügen mehrmals wöchentlich von **Iberia** (www.iberia.com) bedient. Chartergesellschaften fliegen von deutschen, schweizerischen und österreichischen Flughäfen nach Teneriffa und Gran Canaria, Fuerteventura, Lanzarote und La Palma. Die Fluggesellschaften **Air Berlin** (www.airberlin.com), **TUIfly** (www.tuifly.com), **Condor** (www.condor.com) und **Ryanair** (www.ryanair.com) bedienen mehrmals pro Woche die Inseln Teneriffa, Gran Canaria, Lanzarote und Fuerteventura. Die Flughäfen von El Hierro und La Gomera sind nur mit Umsteigen in Teneriffa erreichbar, denn sie sind nicht für internationale Jets ausgelegt.

Mit dem Schiff

Vom südspanischen Cádiz verkehrt einmal wöchentlich eine Autofähre der **Acciona Trasmediterránea** nach Teneriffa und Gran Canaria. Die Fahrt dauert 40–48 Stunden und ist teurer als ein Flug. Preise und Fahrpläne erhält man unter der Service-Nummer Tel. 902 45 46 45 oder online bei www.trasmediterranea.es.

Reisen in der Region

Auf den einzelnen Inseln

Mit dem Bus

Auf den Hauptinseln können durch das gut ausgebaute Streckennetz fast alle wichtigen Orte mit dem Bus erreicht werden, sodass ein Mietwagen normalerweise überflüssig ist. Angesichts der geringen Besiedlungsdichte sind lediglich die Netze auf La Gomera und El Hierro noch wenig entwickelt.

Fahrpläne erhält man an großen Busbahnhöfen und in den Touristenbüros. Die Tarife sind relativ preiswert; auf Teneriffa, Lanzarote und La Palma werden zudem günstige Sammeltickets *(Bono-Bus Tarjeta)* angeboten.

Mit dem Taxi

Auf fast allen Inseln des Archipels werden die Fahrten per Taxameter abgerechnet. Auf den kleinen Kanaren wird allerdings – zumindest teilweise – noch nach Listenpreisen gefahren. Diese sollte man sich vor der Fahrt vom Fahrer zeigen lassen.

Mit dem Mietwagen

Internationale Leihwagenfirmen sind bis auf El Hierro auf allen Inseln präsent, Reservierungen sind schon von zu Hause aus möglich. Lokale Anbieter vor Ort sind teilweise etwas günstiger. Wochentarife sind bis zu 20 % billiger.

Fahren ohne Gurt, Geschwindigkeitsüberschreitungen, Alkohol am Steuer (Promillegrenze: 0,5) und Falschparken werden mit hohen Bußgeldern geahndet!

Inselhüpfen

Mit dem Flugzeug

Die Fluggesellschaft **Binter Canarias** verbindet alle Inseln miteinander. Zwischen den Hauptinseln gibt es täglich mehrere Flüge. Drehkreuz in der Westprovinz ist der Nordflughafen in Teneriffa, in der Ostprovinz Gando auf Gran Canaria. Auskunft erhält man in den örtlichen Reisebüros bzw. im Internet unter www.bintercanarias.com.

Mit dem Schiff

Personen- und Autofähren sowie Tragflügelboote machen das Inselhüpfen leicht und günstig. So kann man mehr als nur eine Insel der Kanaren während eines Urlaubs kennenlernen. Aktuelle Fahrpläne erhält man bei **Líneas Fred Olsen,** Tel. 902 10 01 07, www.fredolsen.es, und **Naviera Armas,** Tel. 902 45 65 00, www.navieraarmas.com.

Fähren sorgen für eine gute Verbindung zwischen den Inseln

SPECIAL

Unterwegs mit Kindern

Kinder sind auf den Kanaren herzlich willkommen. Ob im Hotel, im Restaurant, am Strand oder beim Fahrradverleih – eigentlich überall ist man auf sie eingestellt. In vielen Lokalen stehen Kinderhochstühle bereit, und spezielle Menüs kommen den Essgewohnheiten des Nachwuchses entgegen. In großen Hotels sind Mini-Clubs genauso selbstverständlich wie das separate Planschbecken in der Poollandschaft.

Rund ums Wasser

In den Ferienorten im Süden von Teneriffa und Lanzarote gibt es viele künstlich angelegte Strände mit flach abfallendem Wasser und mit durch Wellenbrecher gezähmter Brandung. Doch Vorsicht abseits der touristischen Hauptstrände: Der Atlantik ist keine Badewanne!

Zur Standardausrüstung für Kinder gehören neben Schwimmflügeln auch Badesandalen; vor allem an den dunklen Lavastränden auf den Westkanaren kann sich der Sand so stark aufheizen, dass man barfuß nur wenige Schritte gehen kann.

Großen Spaß abseits der Strände verspricht der Besuch eines Wasserparks auf Teneriffa, Gran Canaria oder Lanzarote:

- **Siam Park (Teneriffa)**
  Europas größter Wasserpark. › S. 56
- **Aqualand (Gran Canaria)**
  Wasserrutschen in allen Größen.
  Maspalomas
  www.aqualand.es/grancanaria/
  Tgl. 10–17, Juli/Aug. bis 18 Uhr.
- **Aqua Park (Lanzarote)**
  Schwimmbadlandschaft mit zahlreichen Rutschen.
  Costa Teguise
  Tgl. 10–18 Uhr.

Bild oben: Beliebter Spaß im Aqua Park auf Lanzarote – die Wasserrutschen

Mit **Bootstrips** oder einer **Delfin- und Walsafari** vor den Küsten Teneriffas und La Gomeras kann die Seetüchtigkeit getestet werden. Sehr beliebt, aussichtsreich und dazu ziemlich preiswert ist die Linienverbindung zwischen Arguineguín und Puerto de Mogán auf Gran Canaria. Ausflüge per Schiff empfehlen sich nur bei einigermaßen ruhiger See.

Tierisch gut

Streichelzoos, Ausritte auf Ponys und Dromedaren sowie Themenparks mit Tiershows gibt es vornehmlich auf den großen Inseln, insbesondere auf Teneriffa.

- **Jungle Park**
  Der Tierpark ist für die Vorführungen mit abgerichteten Falken bekannt.
  An der Straße nach Arona (Teneriffa)
  www.aguilasjunglepark.com
  Tgl. 10–17 Uhr
- **Loro Parque**
  In diesem weitläufigen Freizeitpark (Teneriffa) stehen Shows mit Delfinen, Seelöwen und Papageien auf dem Programm. Spektakulär ist etwa die Vorführung der Schwertwale, ungewohnt das fast null Grad kühle Pinguinhaus › S. 62.
- **Nationalpark Timanfaya**
  An der Straße von Yaiza nach Mancha Blanca (Lanzarote) wird jeden Vormittag ein Ausritt mit einer Dromedarkarawane geboten › S. 132.
- **Oasis Park**
  Hauptattraktion sind die Seelöwen- und Greifvogelshow.
  La Lajita (Fuerteventura)
  www.fuerteventuraoasispark.com
  Tgl. 9.30–18 Uhr

Museen

Unter den Sehenswürdigkeiten auf den Kanaren gibt es auch einige kindgerechte Museen, die jungen Entdeckern Freude machen.

- **Museo de la Ciencia y del Cosmos**
  Das naturwissenschaftliche Museum ist ein Museum zum Anfassen: Kinder können u.a. mit einem Lügendetektor und Skelettfahrrad experimentieren.
  La Laguna (Teneriffa)
  Di–So 9–19 Uhr
- **Pueblo Chico**
  Der Freiluftpark zeigt im Maßstab 1:24 Nachbildungen herausragender Bauwerke und Naturwunder der Kanarischen Inseln.
  La Orotava (Teneriffa)
  www.pueblochico.com
  Tgl. 9–18, im Sommer bis 19 Uhr

Kostenintensive Freizeitparks

Themen-, Wasser- und Tierparks können richtig ins Geld gehen. Zwar gibt es überall Kinderermäßigung, doch die erwachsenen Begleiter werden mitunter empfindlich zur Kasse gebeten – der Eintritt in den Loro Parque auf Teneriffa kostet z.B. 33 € (Kinder 22 €). Dafür wird dann allerdings wirklich etwas geboten. Ein Freizeitpark, in dem man selbst bestimmen kann, wie viele Attraktionen man nutzen möchte, ist **Holiday World** in Maspalomas (Gran Canaria). Mittelpunkt sind ein 27 m hohes Riesenrad und ein Mississippi-Dampfer, zudem laden Achterbahn und Kettenkarussell zu Fahrten ein (www.holidayworld-maspalomas.com, 17–23, im Sommer 18–24 Uhr).

Sport & Aktivitäten

Das Sportangebot auf den Kanaren könnte für Aktivurlauber nicht vielseitiger sein. Strände und sauberes Wasser laden zu allen möglichen Sportarten im, unter und über Wasser ein. Auch fern der Küste bietet sich ein weites Betätigungsfeld für fitnessbegeisterte Freizeitsportler.

Tauchen

Klares Wasser, bizarre Lavariffs und eine faszinierende Unterwasserwelt machen die atlantischen Gewässer zu einem guten Schnorchel- und Tauchrevier. Jede der sieben Hauptinseln verfügt über mindestens eine Tauchbasis, die ganzjährig geöffnet ist. Zu den schönsten Tauchplätzen zählen die Küsten vor El Hierro. Die Tauchzentren auf Teneriffa befinden sich in Los Gigantes im Westen und nahe Las Américas im Süden. Auch die Meerenge zwischen Lanzarote und Fuerteventura zieht die Taucher an.

Segeln

Ein renommiertes Segelzentrum, das schon einige Olympiasieger hervorgebracht hat, ist Puerto Rico auf Gran Canaria. Sehr beliebt sind außerdem die Jachthäfen Puerto Colón in Playa de las Américas auf Teneriffa, Puerto de Mogán auf Gran Canaria und Caleta de Fuste auf Fuerteventura (ein eigenes oder gechartertes Boot vorausgesetzt). Für Laien besteht die Möglichkeit, Erst-klassig! bei Segeltörns entlang der Küsten mitzufahren. Anfängerkurse bietet beispielsweise **Sail & Surf Overschmidt** in Puerto Rico und Puerto de Mogán an, Tel. 928 56 52 92, www.segelschule-grancanaria.de.

Wind- und Kitesurfen

Der Passatwind sorgt vor allem auf den Ostinseln für erstklassige Bedingungen für Surfer – mit Spots für alle Schwierigkeitsgrade ist Fuerteventura das Surfermekka schlechthin. An der Playa Barca bietet die Surfschule **René Egli,** Tel. 928 54 74 83, www.rene-egli.com, Kurse unter erfahrener Leitung. Gute Bedingungen finden Surfer auch auf Lanzarote an der Playa de las Cucharas vor, **Windsurfing Club**, Tel. 928 59 07 31, www.lanzarotewindsurf.com, auf Gran Canaria im Club Mistral in Bahía Feliz, Kontakt in Deutschland Tel. 08 81/925 49 60, www.club-mistral.com, sowie auf

Surfer finden zahlreiche Spots

Teneriffa in El Médano, **Surf Center Playa Sur**, Tel. 922 17 66 88, www.surfcenter.el-medano.com. Alle genannten Spots sind regelmäßig Austragungsorte für Weltcupwettbewerbe. Als beste Surfzeit gelten die windreichen Sommermonate mit durchschnittlich 4–8 Beaufort.

Radfahren

Auf den gebirgigen bis alpinen Westkanaren fühlen sich vor allem Mountainbiker in ihrem Element. Auch Fuerteventura und Lanzarote halten attraktive Offroadtrails bereit. Wer sein eigenes Rad nicht mitbringen will, kann sich bei einer der örtlichen Verleihfirmen eines mieten, etwa bei den deutschsprachigen **Bikestationen** auf Teneriffa (www.diga-sports.de), La Palma (www.bike-station.de), La Gomera (www.bike-station-gomera.com), Lanzarote (www.mountainbike-lanzarote.com) und Gran Canaria (www.free-motion.net).

Las Cañadas bilden eine eindrucksvolle Kulisse für Radtouren

Golfen

Die Zahl der Golfplätze auf den Kanaren hat in den letzten Jahren ständig zugenommen. Teneriffa ist mit neun Parcours größte Golfdestination im Archipel, Gran Canaria folgt mit sechs Plätzen. Auch auf Lanzarote, Fuerteventura und La Gomera gibt es attraktive Golfplätze. Einen Überblick mit Adressen hält die Website www.turismodecanarias.com bereit. Eine Auswahl:

Campo de Golf Maspalomas
Im klimatisch begünstigten Inselsüden, grenzt direkt an die Dünen.
- Tel. 928 76 25 81
- www.maspalomasgolf.net

Golf Las Américas
Dem attraktiven Platz ist eine eigene Golfschule angeschlossen.
- Tel. 922 75 20 05
- www.golflasamericas.com

Costa Teguise Golf
Einer der schönsten Plätze in Europa, am Fuße eines Vulkans gelegen.
- Tel. 928 59 05 12
- www.lanzarote-golf.com

Tecina Golf
Der 18-Loch-Platz auf La Gomera garantiert Meerblick an jedem Loch.
- Tel. 922 14 59 50
- www.tecinagolf.com

Gleitschirmfliegen

Der guten Thermik wegen zieht es mehr und mehr Gleitschirm- und Drachenflieger auf die Kanarischen Inseln. Sehr gute Start- und Landeplätze gibt es auf Lanzarote: Spektakuläre Aussichten ermöglicht der Flug über Risco de Famara an der Nordwestküste. Mit interessanten Startplätzen lockt auch Teneriffa; von Izaña (2300 m) kann man lange hinuntergleiten zu den Stränden an der Nordküste. Auf La Palma wird direkt oberhalb des Badeortes Puerto Naos gestartet. Sowohl auf Teneriffa als auch auf La Palma werden Erst-! klassig Tandemflüge mit erfahrenen Piloten organisiert.

Wandern

Die Kanaren präsentieren sich als kontrastreiche Wanderregion mit Touren für alle Ansprüche. Besonders schön wandert es sich auf den weitgehend ursprünglich gebliebenen »kleinen Kanaren«, doch auch Teneriffa und Gran Canaria sind ein Dorado für Wanderer. Grandiose Hochgebirgstouren lassen sich im Teide-Nationalpark unternehmen. Wer nicht auf eigene Faust nach dem rechten Weg suchen möchte, kann sich einer von Parkrangern geführten Exkursion anschließen (Tel. 922 92 23 71, www.reservasparquesnacionales.es). Auf Lanzarote begeistern die bizarren Vulkanberge (Auskünfte über kostenlos geführte Wanderungen im Nationalpark: Centro de Visitantes, Tel. 928 11 80 42). Fuerteventura lädt zu kilometerlangen Dünen- und Strandwanderungen ein, das Bergland hält ebenfalls viele lohnende Touren bereit.

Im Münchner Bergverlag Rother ist für jede der sieben Inseln ein Wanderführer mit jeweils 30–70 detailliert beschriebenen Touren erschienen. Die Guides für Lanzarote und Fuerteventura verfasste der Autor dieses Polyglott-Bandes.

Wellness

Ein Spa-Center ist inzwischen Standard in jedem neu eröffneten Hotel der 4- und 5-Sterne-Kategorie, aber auch viele der schon älteren Beherbergungsbetriebe haben ihr Angebot um Thalassotherapie, Fitnesscenter, Beautybehandlungen oder Anti-Stress-Kuren ergänzt. Die besten Adressen auf Teneriffa sind

SEITENBLICK

Spezialveranstalter für Wanderreisen

- **Activida Tours**
  Auf der Langwies 1b
  65510 Hünstetten
  Tel. 0 61 26/ 58 18 18
  www.activida.de
- **Alpinschule Innsbruck (ASI)**
  In der Stille 1 | A-6161 Natters/Tirol
  Tel. 00 43/51 25 46 00
  www.asi.at
- **Hauser Exkursionen**
  Spiegelstr. 9 | 81241 München
  Tel. 0 89/2 35 00 60
  www.hauser-exkursionen.de
- **Wikinger Reisen**
  Kölner Str. 20 | 58135 Hagen
  Tel. 0 23 31/ 90 46
  www.wikinger-reisen.de

das **Gran Hotel Bahía del Duque** › S. 57 und das **Hotel Botánico** › S. 63, auf Gran Canaria das **Hotel Gloria Palace San Agustín,** Tel. 928 12 85 99, www.gloriapalaceth.com und auf Fuerteventura das **Gran Hotel Atlantis Bahía Real** › S. 117.

Workshops und Sprachkurse

- Entspannung mit Yoga, Tai Chi Chuan und Malkursen bietet die **Finca El Cabrito,** ein familienfreundliches Bio-Hotel an der Südküste La Gomeras an, es ist nur per Schiff erreichbar; Tel. 922 14 16 14, www.elcabrito.es.
- Anthroposophisch orientiert ist das **Centro de Terapia Antroposófica** in Puerto del Carmen auf Lanzarote, Tel. 928 51 28 42, www.centro-lanzarote.de. Neben einem Kultur- und Kreativprogramm werden auch naturheilkundliche Therapien angeboten.
- Spanischkurse hat etwa die seit vielen Jahren bestehende **FU International Academy Tenerife,** Tel. 922 38 93 03, www.fu-tenerife.com, in Puerto de la Cruz (Centro Comercial La Cúpula) und in Costa Adeje auf Teneriffa im Angebot.

Unterkunft

Poollandschaft vor dem Hotel Villa del Conde in Maspalomas

Die touristische Infrastruktur auf den Kanarischen Inseln hält verschiedene Unterkünfte aller Kategorien bereit.

Hotels und Pensionen

Auf den Hauptinseln steht in den Ferienorten an der Küste eine fast unbegrenzte Auswahl an Unterkünften aller Kategorien zur Verfügung. Der überwiegende Teil der Zimmer wird über Reiseveranstalter pauschal inklusive Flug, vielfach auch mit Halbpension vermietet.

Ein im Paket gebuchter Urlaub ist in der Regel günstiger als eine individuelle Buchung. In der Nebensaison (Mai/Juni und Okt./Nov.) sind die Unterkünfte teilweise erheblich preiswerter als in den Hauptreisezeiten von Weihnachten bis Ostern und in den Sommerferien.

Für Individualreisende wird sich außerhalb der Hochsaison immer ein Platz finden. Vor allem auf La Palma, La Gomera und – mit Einschränkung – El Hierro gibt es viele kleine Hotels.

Apartments

Ein breites Angebot an Ferienwohnungen ergänzt die Hotellerie, wobei man zwischen kleinen Studios mit kombiniertem Wohn- und Schlafbereich und Kochecke sowie größeren Apartments mit getrenntem Wohn- und Schlafzimmer wählen kann.

Ferienclubs

Cluburlaub mit »All Inclusive« ist besonders auf Fuerteventura verbreitet. Die Clubdörfer von **Robinson** (www.robinson.de) sowie der **Club Aldiana** (www.aldiana.de) liegen direkt an den Sandstränden der Halbinsel Jandía.

Finca-Ferien

Turismo Rural, Ferien auf dem Land, heißt das Zauberwort: Mit Unterstützung der EU wurden auf fast allen Kanareninseln alte Bauern- und Landhäuser in ländlichen Regionen restauriert. Das Ergebnis ist rustikales Ambiente, gepaart mit modernem Wohnkomfort. Wer den Strand nicht direkt vor der Tür haben muss, findet in den Fincas ideale Voraussetzungen für einen ruhigen Urlaub. Reiseveranstalter bieten Fincas auch als Pauschalpaket mit Flug und Mietwagen an.

Das größte Finca-Angebot hat La Palma; ein Gesamtverzeichnis gibt es bei **Karin Pflieger**, Hamburg, Tel. 0 40/5 60 44 88, www.la-palma-turismo-rural.de. Auf La Gomera ist **Ecotural**, Tel. 922 14 41 01, http://ferienhausergomera.com, ein Ansprechpartner. Fincas auf Lanzarote, Fuerteventura, Gran Canaria, Teneriffa bietet **Schauinsland-Reisen**, Tel. 02 03/99 40 50, www.schauinsland-reisen.de.

Günstige Unterkünfte bis 60 €

Erst-klassig

- In Puntagorda im Nordwesten von La Palma überzeugt die deutsch geführte Pension **Mar y Monte** durch schlichte Eleganz › S. 77.
- Mit einer Top-Lage im heimeligen Treppenviertel von La Calera (La Gomera) punktet **Jardín Concha**. Zum Strand sind es 15 Gehminuten › S. 85.
- In El Golfo (Lanzarote), am Fuß des gleichnamigen Kraters, liegt die kleine Familienpension **Hotelito del Golfo** › S. 130. Es gibt gute Fischlokale im Dorf.
- Die Apartments **Los Telares** in Hermigua (La Gomera) verfügen über geräumige Zimmer mit Bad und Kochnische › S. 87.
- Die schlichten Zimmer ohne Bad in der Pension **Lumy** genügen einfachen Ansprüchen. Der mondäne Badeort Puerto de Mogán (Gran Canaria) ist nur 1 km entfernt › S. 108.
- Im Norden Fuerteventuras hält in El Cotillo **Juan Benítez** geräumige Apartments bereit; wer Meerblick genießen will, muss allerdings ein paar Euro zusätzlich anlegen › S. 118.

LAND & LEUTE

Kakteengarten Jardín de Cactus
in Guatiza auf Lanzarote

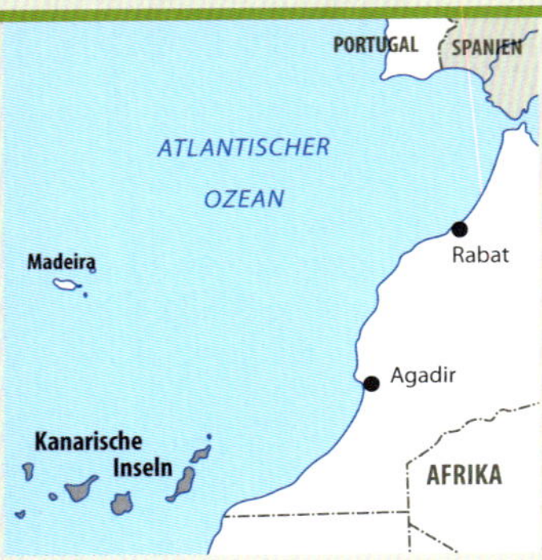

STECKBRIEF

- **Fläche:** 7492 km² (Teneriffa 2034 km², La Palma 708 km², La Gomera 370 km², El Hierro 269 km², Gran Canaria 1560 km², Lanzarote 846 km², Fuerteventura 1660 km²)
- **Höchste Erhebung:** Pico del Teide (Teneriffa), 3718 m
- **Entfernungen:** nach Nordafrika 95 km, nach Cádiz (Spanien) 1350 km
- **Landessprache:** Spanisch
- **Einwohner:** ca. 2,1 Mio. (Teneriffa 908 000, La Palma 87 000, La Gomera 23 000, El Hierro 11 000, Gran Canaria 850 000, Lanzarote 142 000, Fuerteventura: 104 000)
- **Hauptstädte:** Santa Cruz (Provinz Teneriffa); Las Palmas (Provinz Gran Canaria)
- **Bevölkerungsdichte:** 283 Einw./km²; am höchsten auf Gran Canaria, am niedrigsten auf El Hierro (545 bzw. 41 Einw./km²)
- **Landesvorwahl:** 00 34
- **Zeitzone:** MEZ minus 1 Std. (ganzjährig)
- **Währung:** Euro

Lage

Geografisch gesehen sind die Kanarischen Inseln Afrika zuzuordnen: Sie liegen zwischen dem 27. und 29. Breitengrad und ziehen damit mit dem Süden von Marokko gleich. Der Archipel besteht aus sieben Hauptinseln; im Zentrum liegen Teneriffa und Gran Canaria, westlich davon die sogenannten *islas menores* (Kleinen Kanaren) La Palma, La Gomera und El Hierro, im Osten, nur knapp 100 km von der afrikanischen Küste entfernt, Lanzarote und Fuerteventura. Zu den Hauptinseln gesellen sich noch einige Inselchen und Felsenriffe, als größte davon sind La Graciosa und Alegranza nordöstlich von Lanzarote sowie Los Lobos zwischen Lanzarote und Fuerteventura zu erwähnen.

Bevölkerung und Sprache

Im 20. Jh. hat sich die Einwohnerzahl der Kanaren mehr als vervierfacht. Etwa 2,1 Mio. Menschen leben gegenwärtig auf den Inseln, der weitaus größte Teil auf den beiden Hauptinseln Teneriffa und Gran Canaria. Amts- und Umgangssprache ist Spanisch, in den Ferienorten ist die Verständigung auf Englisch und Deutsch aber kein Problem. In manchen von deutschen Gästen bevorzugten Zonen, etwa im Nordosten Teneriffas oder im Süden Fuerteventuras, entwickelt sich Deutsch sogar zur zweiten Umgangssprache.

Wirtschaft

Auf den Hauptinseln ist seit den 1960er-Jahren das Geschäft mit den Fremden der wichtigste Erwerbszweig. Jährlich besuchen rund 10 Mio. Gäste – überwiegend Festlandspanier, Deutsche und Engländer – den Archipel; die Kanaren sind damit eines der weltweit bedeutendsten Ferienzentren.

Neben dem Fremdenverkehr ist die Landwirtschaft ein ökonomisches Standbein. Die mit Abstand wichtigste Exportfrucht auf den Zentral- und Westkanaren ist die im 19. Jh. von dem französischen Diplomaten und Botaniker Sabin de Berthelot eingeführte *Dwarf Cavendish*, eine äußerst schmackhafte Zwergbanane, die heute bevorzugt in den wasserreichen Küstenzonen im Norden der Inseln kultiviert wird und ganze Landstriche mit einem einförmigen grünen Teppich bedeckt. Der Hauptabnehmer der Zwergbanane ist das spanische Festland.

Die wichtigsten anderen Feldfrüchte sind Tomaten und Frühkartoffeln, außer Bananen baut man in letzter Zeit verstärkt auch andere exotische Früchte an. Sehr erfolgreich Exportprodukte sind auch Schnittblumen wie Strelitzien und Nelken.

Die Küstenfischerei ist stark rückläufig und kann kaum noch den Eigenbedarf decken. In den letzten Jahren hat sich jedoch die Fischzucht zu einem wachsenden Erwerbszweig entwickelt. Aus der Aquakultur kommen vornehmlich Dorade und Wolfsbarsch.

Politik und Verwaltung

1982 erhielten die beiden kanarischen Provinzen zusammen innerhalb Spaniens den Status einer Autonomen Region. Seither genießen sie u.a. in den Bereichen Tourismus, Erziehung und Kultur weitgehende Selbstständigkeit. Bedeutsamen politischen Entscheidungen werden jedoch nach wie vor in der Hauptstadt Madrid gefällt. Die Loslösung vom Mutterland Spanien steht für die überwiegende Mehrheit der Canarios nicht zur Diskussion.

Der Sitz der Regionalregierung wechselt jede Legislaturperiode zwischen Santa Cruz de Tenerife und Las Palmas de Gran Canaria. Mit den *Cabildos Insulares* verfügt zudem jede Insel über ein lokales Selbstverwaltungsgremium.

Die beiden etablierten großen Festlandparteien der Sozialisten (PSOE) und Rechtskonservativen (PP) müssen sich zunehmend gegen lokalpolitisch geprägte Gruppierungen behaupten.

Die Banane ist wichtigste Exportfrucht

Geschichte im Überblick

Die Besiedlung des kanarischen Archipels verliert sich im Dunkel der Geschichte. Man nimmt an, dass sie in mehreren Wellen vom nordafrikanischen Kontinent aus erfolgte. Die ältesten Siedlungsspuren werden mithilfe der Radiocarbonmethode auf etwa 800 v. Chr. datiert. Die Ureinwohner – Altkanarier bzw. Guanchen – lebten bis ins 15. Jh. ungestört in ihrer Steinzeitkultur.

Um 1100 v. Chr. Erste Kontakte zu den Inseln werden den Phöniziern nachgesagt, die den ganzen Mittelmeerraum und die nordafrikanische Atlantikküste erkunden. Bei antiken Schriftstellern (Homer, Hesiod, Platon) tauchen Bezeichnungen wie »Inseln der Glückseligen«, »Gärten der Hesperiden« und »Atlantis« auf, die gerne auf die Kanaren bezogen werden.

25 v. Chr. König Juba II. von Mauretanien entsendet eine Expedition auf die Kanaren.

150 n. Chr. Ptolemäus legt auf seiner Weltkarte den Nullmeridian durch El Hierro und markiert damit den Rand der damals bekannten Welt.

1312 Der genuesische Kaufmann Lancilotto Malocello wird durch einen Sturm an die Küste der später nach ihm benannten Insel Lanzarote getrieben.

1402 Der normannische Ritter Jean de Béthencourt erobert im

Bronzestatuen von Guanchenkönigen in Candelaria auf Teneriffa

Auftrag der Kastilischen Krone Lanzarote, drei Jahre später wird Fuerteventura unterworfen.

1477–83 Gran Canaria wird von den Spaniern eingenommen.

1492 Christoph Kolumbus legt auf seiner Entdeckungsreise nach Amerika einen Zwischenstopp auf der Insel La Gomera ein. Alonso Fernández de Lugo erobert La Palma.

1496 De Lugo bricht in Realejo Alto auf Teneriffa endgültig den Widerstand der Guanchen. Damit enden die ein knappes Jahrhundert andauernden Auseinandersetzungen zwischen Spaniern und Ureinwohnern.

16./17. Jh. Wiederholt kommt es zu Piratenüberfällen, Inselbewohner werden in die Sklaverei verschleppt; 1618 ereilt dieses Schicksal 900 Lanzaroteños.

1723 Santa Cruz de Tenerife wird Hauptstadt der Kanarischen Inseln.

1797 Nach mehreren Fehlschlägen der Engländer greift Admiral Horatio Nelson Santa Cruz de Tenerife an; bei der einzigen Niederlage seiner Karriere büßt er den rechten Arm ein.

1799 Alexander von Humboldt besucht während einer Reise nach Südamerika Teneriffa und besteigt den Pico del Teide.

1817 Gründung der ersten Universität der Kanarischen Inseln in La Laguna.

1836 Abschaffung der Feudalherrschaft (Señorialsystem), die typisch für La Gomera, El Hierro, Lanzarote und Fuerteventura war – im Gegensatz zu den direkt der Krone unterstellten größeren Inseln des Archipels.

1852 Die Kanaren werden zur Freihandelszone erklärt.

1880 Die Briten führen Bananen als Monokultur auf den Kanarischen Inseln ein.

1927 Der Archipel wird in zwei Provinzen aufgeteilt; die westlichen Inseln werden von Santa Cruz de Tenerife verwaltet, die östlichen von Las Palmas de Gran Canaria.

1936 Der nach Teneriffa strafversetzte General Franco bereitet seinen Militärputsch gegen die Zweite Republik vor; nach dreijährigem Bürgerkrieg errichtet er in Spanien eine Diktatur.

1956 Das erste Charterflugzeug landet auf Gran Canaria, der Tourismus beginnt sich zu entwickeln.

1978 Nach dem Tod von General Franco tritt in Spanien eine demokratische Verfassung in Kraft.

1982 Die Kanarischen Inseln werden zur autonomen Region erklärt.

1986 Spanien wird Mitglied der NATO und der EG.

1999 La Laguna auf Teneriffa wird Weltkulturerbestadt.

2006 Die Bevölkerung der Kanaren übersteigt erstmals 2 Mio.

2007 Der Pico del Teide auf Teneriffa wird Weltnaturerbe der UNESCO.

2011 Nahe El Hierro bricht ein Unterwasservulkan aus.

2012 Der Loro Parque, Teneriffas beliebtester Freizeitpark, feiert sein 40-jähriges Bestehen.

2013/14 Für das Winterhalbjahr erwarten die Kanaren wieder mehr als 10 Mio. Feriengäste.

SPECIAL

Auf den Spuren der Altkanarier

Als die Spanier vor gut 500 Jahren den kanarischen Archipel eroberten, stießen sie auf eine steinzeitliche Kultur, die weder Metallverarbeitung noch das Rad kannte. Die Altkanarier, die auf Teneriffa als Guanchen bezeichnet werden, wohnten in Höhlen, kleideten sich in Felle und kämpften mit Trachyt-Beilen. Die Überbleibsel der archaisch anmutenden Kultur faszinieren heute nicht nur Archäologen.

Petroglyphen und Wohnhöhlen

Los Letreros im menschenleeren Hochland von El Julán (El Hierro) zählt zu den wichtigsten Felsbildstellen des Archipels. Die in Lavaplatten gravierten Zeichen weisen Ähnlichkeiten mit einer libyschen Berberschrift auf und gelten als Beleg dafür, dass der Archipel von Nordafrika aus besiedelt wurde. Die Anfahrt erfolgt ab El Pinar in Richtung Leuchtturm, Parken kann man beim Hinweisschild Los Letreros; von hier führt ein 4,5 km langer Wanderweg zum eigentlichen Ziel.

Im Tal von **La Zarza** (La Palma) finden sich Felswände mit spiralförmigen Petroglyphen. Ein kleines Besucherzentrum informiert hier über die Kultur der Altkanarier (tgl. 11–17, im Sommer bis 19 Uhr).

Der **Barranco de Guayadeque** im Südosten Gran Canarias, erreichbar über die Landstraße von Agüimes nach Guayadeque, war einer der Hauptsiedlungsplätze der Altkana-

 Bild oben: Cenobio de Valerón – Höhlenburg der Altkanarier auf Gran Canaria

rier. In dem noch bewohnten Höhlendorf **Cuevas de Bermeja** wurden Mumien und Grabbeigaben entdeckt. Auf eine ganz besondere Attraktion trifft man am Ende der Schlucht: das außergewöhnliche **Höhlenrestaurant Tagoror** mit gemütlichem Höhlenambiente (Tel. 928 17 20 13).

Ebenfalls auf Gran Canaria kann man die 7 × 17 m große Wohnhöhle **Cuatro Puertas** besichtigen, die an der Straße von Telde nach Ingenio liegt. Auf dem Berg über der Höhle befindet sich ein alter Kultplatz. Das eingezäunte Gelände ist tagsüber frei zugänglich.

In Gáldar steht die spektakulär ausgemalte **Cueva Pintada** auch für Besucher offen › **S. 109**.

Kultberg auf Fuerteventura

Nördlich des Dorfes Tindaya ragt die **Montaña Tindaya** (397 m) auf. Der ockerfarbene, kahle Felsklotz galt den Altkanariern als heilige Stätte. Archäologen haben dort Felsritzungen entdeckt, die an Fußabdrücke erinnern. Bei klarer Sicht kann man bis nach Lanzarote schauen.

Eine kostenlose schriftliche Erlaubnis für den Aufstieg erhält man beim **Medio Ambiente** in Puerto del Rosario, Calle Lucha Canaria, 112, Mo–Fr 8–14 Uhr.

Bedeutende archäologische Sammlungen

Die wichtigsten Sammlungen des Archipels vereint das **Museo Canario** in Las Palmas › **S. 101**.

Teneriffas Parademuseum ist das **Museo de la Naturaleza y el Hombre,** dessen archäologische Abteilung Kleidung und Werkzeuge, aber auch Mumien und die Begräbniswelt der Guanchen zeigt › **S. 52**.

Nicht unumstritten ist der **Pyramidenpark** in Güímar, auf dessen Gelände über kanarische Stufenpyramiden und deren Alter spekuliert werden darf › **S. 56**.

- **Museo Canario**
  Las Palmas | Dr. Verneau, 2
  Mo–Fr 10–20, Sa, So 10–14 Uhr
- **Museo de la Naturaleza y el Hombre**
  Santa Cruz | Calle Fuente Morales
  Di–Sa 9–20, So, Mo, Fei 10–17 Uhr
- **Parque Etnográfico Pirámides de Güímar**
  Güímar | Calle Chacona
  Tgl. 9.30–18 Uhr

Spiralförmige Petroglyphen auf La Palma

Natur & Umwelt

Der erste Eindruck mag ernüchternd sein: Verlässt man das Flugzeug, egal ob in Teneriffa Süd, Gran Canaria oder den halbariden Ostinseln, zeigt sich nackter Boden ohne viel Grün. Spätestens beim ersten Abstecher ins Inselinnere relativiert sich das Bild der Vegetation aber: Immergrüne Wälder, fruchtbares Kulturland und eine das ganze Jahr über blühende Flora entschädigen für den trostlosen Einstieg. Ausnahmen bilden die vegetationsarmen Inseln Lanzarote und Fuerteventura.

Vulkanisches Erbe

Der vulkanische Ursprung der Inselgruppe ist unverkennbar. Schroffe Vulkankegel und unwirtliche Aschefelder *(malpaís)* prägen weite Teile der Landschaft. Während die Ostinseln sich vor etwa 20 Mio. Jahren aus dem Atlantik erhoben, wird den Westkanaren ein Alter von weniger als 3 Mio. Jahren attestiert. Die beiden jüngsten Inseln, La Palma und El Hierro, bringen es gerade mal auf 1,5 Mio. Jahre.

So unterschiedlich wie das Alter der Inseln nimmt sich auch deren vulkanische Tätigkeit aus. Auf Fuerteventura liegt der letzte Vulkanausbruch mindestens 7000 Jahre zurück, die wenige Kilometer entfernte Nachbarinsel Lanzarote dagegen wurde noch im 19. Jh. von gewaltigen Eruptionen heimgesucht, die weite Flächen der Insel umgestalteten. Der letzte Vulkanausbruch fand 2011 vor der Küste von El Hierro statt – ein deutliches Zeichen, dass der Archipel noch »in Arbeit« ist.

Barrancos und Steilküsten

Das Alter der Inseln spiegelt sich in der landschaftlichen Ausprägung wider. Auf den Ostinseln hatten die Erosionskräfte genügend Zeit, die Bergstöcke, die sich aus weiträumigen Ebenen emporheben, teilweise sanft zu runden. Ganz anders dagegen präsentieren sich die Zentral- und Westkanaren. Tief eingeschnittene, kilometerlange Schluchten *(barrancos)* graben sich vom Landesinneren ans Meer. Von Steilstufen und unwegsamen Katarakten unterbrochen, verleihen sie den Inseln einen wild zerklüfteten Charakter. Die bizarre Topografie wird durch Hangtäler abgemildert, die größten darunter – etwa das **Valle de Orotava** auf Teneriffa – avancierten durch ihre fruchtbaren Böden und die liebliche Landschaft zu besonders bevorzugten Siedlungsgebieten.

Genauso zerfurcht wie das Inselinnere gestalten sich die Küstenlinien. Von den Ostinseln abgesehen, wo der Meeressaum zum Teil von kilometerlangen Sandstränden eingefasst wird, sind die übrigen Inseln gar nicht so üppig mit natürlichen Stränden ausgestattet, wie mancher Besucher glaubt. Vielfach fällt das Land zum Meer hin steil ab.

SPECIAL

Die Vegetationszonen

Dem deutschen Naturforscher Alexander von Humboldt gebührt das Verdienst, erstmals die nach Höhenstufen gegliederten Vegetationszonen beschrieben zu haben. Beispielhaft war für Humboldt das Orotava-Tal auf Teneriffa, wo von der Küste bis hinauf in die Hochgebirgsregion des Teide alle Zonen mit einem Blick zu erfassen sind.

Die **Sukkulenten-Formation** der Küstenzone wird von trockenheitsresistenten Euphorbiengewächsen wie der Kandelaberwolfsmilch und der Jubawolfsmilch geprägt.

Auf den Westkanaren, vor allem auf La Gomera und La Palma, sind große Restbestände des **Lorbeerwaldes** erhalten, eines immergrünen Feuchtwaldes, der mit diversen Baumarten, Sträuchern und Farnen ein einzigartiges Ökosystem bildet. Wo der Lorbeerwald nicht mehr genug Feuchtigkeit vorfindet, hat sich die **Fayal-Brezal-Formation** breitgemacht, die noch über den Passatwolken in Höhen bis zu 1500 m zu finden ist. Die beiden Leitpflanzen dieser Zone sind der Gagelbaum und die auf den Kanaren bis zu 12 m hoch wachsende Baumheide.

Eine wichtige Rolle im Wasserhaushalt spielt der **Kiefernwald.** Die endemische Kanarenkiefer holt sich ihr Wasser aus den Wolken. Die Feuchtigkeit bleibt an den bis zu 30 cm langen Nadeln hängen, tropft ab und trägt so dazu bei, die Wasserreserven der Inseln aufzufüllen. Kiefern wachsen in Höhenlagen bis zu 2000 m. Den Unterwuchs der lichten Wälder stellen Schmetterlingsblütler und Zistrosengewächse.

Die **subalpine Hochgebirgszone** ist auf Teneriffa und La Palma beschränkt.

Bild oben: Das Orotava-Tal auf Teneriffa mit Blick auf den Teide

Die Nationalparks

Von ihrer schönsten Seite präsentiert sich die Natur in den insgesamt vier als Nationalparks ausgewiesenen Schutzzonen. Jede soll eine charakteristische Landschaft oder Vegetation bewahren. Größtes und zugleich ältestes spanisches Naturschutzgebiet ist der **Parque Nacional del Teide** auf Teneriffa › **S. 58**, der mit dem 3718 m hohen Teide im Zentrum und einer ausgefallenen Flora zugleich eine der spektakulärsten Landschaften der Kanaren darstellt. Nicht minder imposant ist der **Parque Nacional de la Caldera de Taburiente** auf La Palma › **S. 74**. Der bewaldete, mehr als 1600 m tiefe Kraterkessel zeigt sich vom Mirador am Roque de los Muchachos in seiner ganzen Ausdehnung. Fast das gesamte Hochland von La Gomera nimmt der **Parque Nacional de Garajonay** › **S. 87** ein, ein Märchenwald wie aus dem Bilderbuch, mit flechtenbehangenen Bäumen und von Moosen gepolsterten Bachufern. Einen Kontrast zu den immergrünen Westkanaren setzt der **Parque Nacional de Timanfaya** auf Lanzarote › **S. 132**. Zwischen nackten Vulkankegeln, den Feuerbergen, macht sich eine Lavawüste breit, die gerade wegen ihrer Vegetationsfeindlichkeit so faszinierend wirkt.

Einmalige Flora

So unspektakulär sich die Fauna der Kanarischen Inseln darstellt, so beeindruckend ist die Pflanzenwelt. Was im Miozän und Pliozän 45 bis 25 Mio. Jahre vor unserer Zeitrechnung noch im Mittelmeerraum wuchs und inzwi-

Um den Drachenbaum ranken sich Mythen und Legenden

SEITENBLICK

Drachenbäume

Berühmtester Spross der Kanarenflora ist der Drachenbaum (span. *drago*), ein bis zu 20 m hohes Liliengewächs, das in Europa sonst nur noch auf Madeira und den Azoren vorkommt. Der Drago war den Ureinwohnern heilig, sein harziger Saft diente ihnen zur Mumifizierung der Toten. Da Drachenbäume keine Jahresringe aufweisen, gab die Altersbestimmung Anlass zur Legendenbildung: Von den Canarios wird der größte Drago in Icod de los Vinos (Teneriffa) tausendjähriger Drachenbaum genannt; Botaniker attestieren den derzeit ältesten Drachenbäumen allerdings höchstens 400 Jahre.

schen längst dort ausgestorben ist, blieb auf den Kanaren auf wundersame Weise erhalten. Dank ihrer geografischen Randlage von der letzten Eiszeit so gut wie verschont, konnte auf den Inseln so manche Pflanzenart überleben. Endemisch sind z.B. Kanarische Palme und Kanarische Kiefer.

Als ob die Kanarenflora nicht schon exotisch genug wäre, gedeihen in Parks, Patios und an Straßenrändern Hunderte von subtropischen Ziergewächsen aus aller Welt. Ins Auge springen besonders farbenprächtige Bougainvilleen, baumhohe Weihnachtssterne, grell orangerote Feuerbignonien und süßlich duftender Oleander. Viele öffentliche Plätze werden von riesigen Gummibäumen beschattet, für hübsche Farbakzente sorgen taubenblau blühende Jacarandabäume und leuchtend rote Afrikanische Tulpenbäume.

Den verschiedenen Vegetationszonen › **S. 33** entsprechend ändert sich der Pflanzenbewuchs. Spektakulärste Pflanze der subalpinen Hochgebirgszone ist der Rote Teide-Natternkopf mit mannshohen Blütenkerzen im Juni.

Umweltprobleme

Der Fremdenverkehr brachte den Canarios zwar mit den höchsten Lebensstandard innerhalb Spaniens ein, erkauft wurde der neue Wohlstand allerdings mit steigenden Lebenshaltungskosten sowie mancherorts zugebauten Küsten und zunehmenden Emissionsbelastungen (vor allem CO_2). Gestiegen ist auch der Wasserbedarf auf den Inseln, verursacht durch den Tourismus und noch mehr durch die künstliche Bewässerung der Plantagenwirtschaft und das rapide Bevölkerungswachstum. Die ohnehin niederschlagsarmen Inseln im Osten des Archipels wären ohne Meerwasserentsalzungsanlagen nicht mehr lebensfähig.

Ein jährlich wiederkehrendes Problem sind Waldbrände; 2012 z.B. wurden auf La Gomera etwa 900 ha Wald vernichtet.

Die prächtigsten botanischen Gärten

Erst-! klassig

- Die umfassendste Sammlung kanarischer Endemiten hat der **Jardín Canario** vor den Toren von Las Palmas (Gran Canaria) zu bieten. Extra Pluspunkt: Der Eintritt ist frei › **S. 105.**
- Den Methusalem der wundersamen Kanarenflora findet man im **Parque del Drago** in Icod de los Vinos (Teneriffa). Trotz baumchirurgischer Eingriffe wirkt der hoch betagte Drachenbaum nach wie vor sehr imposant › **S. 61.**
- Der **Parque García Sanabria** (Santa Cruz de Tenerife) glänzt mit altem Baumbestand, einem exotischen Bambushain und einer zauberhaften Blumenuhr.
- Wer Pflanzen wie Würgerfeige oder Leberwurstbaum bestaunen möchte, sollte den **Jardín Botánico** (Teneriffa) besuchen. Er ist der älteste Pflanzengarten der Kanaren › **S. 62.**
- Fast ausschließlich stachlige Gewächse sind im **Jardín de Cactus** (Lanzarote) zu Hause. Der Kakteengarten wurde vom Künstler César Manrique gestaltet › **S. 127.**

Kunst & Kultur

Architektur

Mancher Stadtkern der kolonialen Epoche blieb fast in Reinkultur erhalten, wie die **Vegueta** in Las Palmas, die alte Hauptstadt **Teguise** auf Lanzarote und die **Plaza de España** von Santa Cruz de La Palma.

Bei den prunkvollen Herrenhäusern und Adelspalästen aus dem 17. und 18. Jh. mischen sich andalusisch-maurische Einflüsse mit kanarischen Elementen. Die Fassaden aus behauenem Vulkangestein zieren massive Holzportale und verspielte Balkone. Innen verbirgt sich ein großzügiger, von einer Holzgalerie eingefasster Patio. Stilbildende Elemente wie der kanarische Balkon sind heute wieder modern.

Die Sakralarchitektur besticht durch prächtige Renaissanceportale und holzgetäfelte Decken *(artesonado)* im Mudéjar-Stil.

Avantgardistische Akzente setzen Stararchitekten wie Santiago Calatrava – mit dem postmodernen **Auditorio de Tenerife** in Santa Cruz schuf der Spanier ein neues Wahrzeichen der Kanaren. Das Schweizer Büro Herzog & de Meuron plante die Umgestaltung der **Plaza de España** von Teneriffas Hauptstadt, und Teneriffas Süden glänzt neuerdings mit extravaganter Hotelarchitektur.

Malerei

Als eines der wenigen Zeugnisse des vorspanischen Kunstschaffens blieben auf Gran Canaria die Höhlenmalereien der **Cueva Pintada** in Gáldar erhalten › **S. 109**. Die in weichen Erdtönen aufgetragenen geometrischen Muster sind auf den Kanaren einzigartig.

Einer der bedeutendsten Vertreter der kanarischen Malerei der Moderne ist der auf Gran Canaria geborene **Néstor Martín Fernández de la Torre** (1887–1938). Der dem Symbolismus nahe stehende Künstler wurde vor allem durch großflächige Wandbilder bekannt, die z.B. das **Teatro Pérez Galdós** in Las Palmas schmücken.

SEITENBLICK

Inselbarock

Eine Augenweide sind die barocken Altaraufsätze, die in den Kirchen Teneriffas zu finden sind. Ornamentale Verzierungen und teils auf lateinamerikanische Einflüsse zurückgehende Motive exotischer Vögel und Pflanzen sowie um die Retablos schwebende Putten mögen auf den ersten Blick kitschig erscheinen. Doch die handwerkliche Ausführung und der verschwenderische Einsatz von Blattgold wirken überzeugend genug, um den Inselbarock als eine der wichtigsten kanarischen Kunstströmungen zu würdigen.

Stickerin in der Casa Santa Maria in Betancuria auf Fuerteventura

Zu internationalem Renommee brachte es der Lanzaroteño **César Manrique** (1919–1992). Die plastischen, architektonischen und landschaftsgestaltenden Werke des Allroundtalents sind über den ganzen Archipel verteilt. Eine private Stiftung bewahrt sein Erbe.

Folklore und Brauchtum

Fiestas sind ein willkommenes Podium für Folklore- und Trachtengruppen, die traditionelle Tänze und altes Liedgut zum Besten geben. Für den Rhythmus sorgen Trommeln, Kastagnetten und die Timple, eine kanarische viersaitige kleine Laute.

Zu einer Fiesta gehört auch die **Lucha Canaria,** ein auf die Ureinwohner zurückgeführter, bis heute populärer Volkssport. Bei diesem Mannschaftskampf besteht jedes Team aus zwölf Ringern, gekämpft wird in einer kreisrunden, mit Sand ausgelegten Arena *(terrero)* von etwa 10 m Durchmesser. Die Regeln sind einfach: Gewonnen hat, wer den Gegner innerhalb von drei Runden zweimal zu Boden zwingt.

Kunsthandwerk

Fast auf allen Inseln wird nach Guanchenart Gebrauchskeramik ohne Töpferscheibe hergestellt: der mit einer Ausgusstülle versehene Milchkrug *(tarro)* oder die Schüssel zur Gofioherstellung *(tostadora)*. Von Insel zu Insel variieren Techniken und Formen: Auf La Palma wird die typisch schwarze Töpferware gebrannt, die El-Cercado-Keramik von La Gomera erhält durch sienarote Tonerde ihre typische Glasur.

Wichtigstes Kunsthandwerk ist die Stickerei. Auf allen Inseln fertigt man arbeitsintensive Hohlsaumstickereien *(calados)* an. In Stickereischulen wie in Lajares auf Fuerteventura und in La Orotava auf Teneriffa wird die Kunstfertigkeit an den Nachwuchs weitergegeben. Für seine Roseta-Stickereien berühmt ist das Dorf Vilaflor auf Teneriffa.

Feste & Veranstaltungen

Der Festkalender der Canarios orientiert sich am katholischen Kirchenjahr. Mit Prozessionen, Umzügen, Wettkämpfen und einem Feuerwerk als krönendem Abschluss begehen die größeren Orte den Namenstag ihres Schutzpatrons.

Festkalender

Januar: Am 5. und 6.1. in vielen Orten Einzug der **Heiligen Drei Könige,** Bescherung im Familienkreis.

Januar/Februar: Beim **Festival de Música de Canarias** in Santa Cruz de Tenerife und Las Palmas de Gran Canaria dreht sich alles um die klassische Musik.

Für die Fronleichnamsprozessionen entstehen kunstvolle Straßenteppiche

Februar: In Puntagorda auf La Palma wird zur Zeit der Mandelblüte die **Fiesta de los Almendros** mit Dichterlesungen, viel Folkore und Salsa-Musik gefeiert; auch in Tejeda und Valsequillo (Gran Canaria).

Februar/März: Karnevalszeit! Höhepunkte sind die Wahl der Karnevalskönigin, farbenprächtige Straßenumzüge sowie die »Beerdigung der Sardine« am Aschermittwoch. Als Hochburgen gelten Santa Cruz/Teneriffa, Las Palmas/Gran Canaria und Santa Cruz/La Palma.

März/April: Karwoche (Semana Santa) mit Umzügen, besonders eindrucksvoll in La Laguna auf Teneriffa.

Juni: Fronleichnamsprozessionen über kunstvolle Straßenteppiche aus Vulkanerde und Blumen, eingefärbtem Salz und gerösteten Blättern.

Juli: Alle 4 Jahre (nächster Termin: 2017) wird auf El Hierro die Wallfahrt **Bajada de la Virgen de los Reyes**

abgehalten. Ebenfalls im Juli findet auf La Palma alle 5 Jahre (nächster Termin: 2015) die **Bajada de la Virgen de las Nieves** statt, eine der bedeutendsten Wallfahrten des Archipels › S. 78.

August: Am 4.8. soll in Agaete auf Gran Canaria die **Bajada de la Rama** für Regen sorgen. Am 14./15.8. wird mit der **Romería de la Virgen de Candelaria** auf Teneriffa der Schutzpatronin der Kanaren gehuldigt. Die Romería de San Roque am 16.8. in Garachico zählt zu den typischsten Wallfahrten von ganz Teneriffa, besonders groß wird sie alle fünf Jahre begangen (nächster Termin: 2015). Am 24.–29.8. wird in Arrecife auf Lanzarote **San Ginés** mit einem großen Volksfest gefeiert.

September: **Fiesta del Diablo** (Teufelsfest) am 7./8.9. in Tijarafe auf La Palma. Am 8.9. großes Pilgerfest zu Ehren der **Virgen del Pino,** der Schutzpatronin Gran Canarias, in Teror. Am 3. Samstag im September feiert Fuerteventura die **Fiesta de la Virgen de la Peña** in Vega de Río de las Palmas.

Oktober: Im Mittelpunkt der **Fiesta de la Virgen de Guadalupe** in Puntallana auf La Gomera (alle 5 Jahre, nächster Termin: 8.10.2018) steht eine Schiffsprozession.

Essen & Trinken

Um es gleich vorwegzunehmen: Mit der kanarischen Kost sind keine Sterne zu gewinnen, sie ist eine eher bodenständige Landküche, die von dem lebt, was Insel und Meer hergeben.

Deftige Eintöpfe

Als Vorspeise sei eines der leckeren Eintopfgerichte, der *puchero,* empfohlen. Neben diversen Gemüse- und Fleischsorten schwimmen in der Terrine auch Kichererbsen. Seine sämige Konsistenz gewinnt der kräftigende Puchero durch den mehligen Gartenkürbis, der Safran sorgt für die besondere Note. Auch Süßkartoffeln machen den Puchero sämig, Chorizo und Speck sorgen für einen rauchigen Geschmack.

Wer es zum Auftakt nicht ganz so deftig mag, sollte die meist vorzügliche Brunnenkressesuppe *(potaje de berros)* probieren.

Der Puchero ist ein deftiges Eintopfgericht

Typisch kanarisch

Beim Hauptgang dreht sich alles um den Fisch, der auf einer heißen Platte gebraten und immer zusammen mit einer feurigen Tunke *(mojo)* und den obligatorischen Schrumpelkartoffeln *(papas arrugadas)* serviert wird. Originell ist die Zubereitungsart der Kartoffeln: Man lässt sie mitsamt Schale in Salzwasser garen, bis die Flüssigkeit verdunstet ist und sich das Salz als weiße Kruste auf den Schalen abgesetzt hat. Flache Steine auf dem Topfboden verhindern das Anbrennen.

Erst-! klassig

Der meist hausgemachte Mojo kommt in zwei verschiedenen Varianten auf den Tisch: rot und scharf mit Chili *(mojo rojo)* oder grün und etwas milder mit Koriander *(mojo verde)*.

Fleischklassiker

Von zwei Ausnahmen abgesehen hat die Fleischküche keine eigenständigen Spezialitäten anzubieten. Ein Klassiker ist Kaninchen *(conejo salmorejo)*, über Nacht in einer pikanten Sauce mariniert und am nächsten Tag im Tontopf geschmort. Wegen des hohen Bedarfs werden Kaninchen als Tiefkühlware importiert, während das Ziegenfleisch *(carne de cabra)* garantiert von den Inseln stammt. Es wird meist als Gulasch zubereitet; als besondere Spezialität gilt Zicklein *(carne de cabrito)*.

Gofio und Käse

Als Reminiszenz an die Küche der Ureinwohner konnte sich *gofio* behaupten. Der nahrhafte Getreidebrei, für den ursprünglich geröstete Gerste vermahlen wurde, wird heute vornehmlich aus Weizen oder Mais hergestellt und ungekocht verzehrt – als herzhafte Suppeneinlage ebenso wie als süßes Konfekt. Die

Erst-! klassig

Die besten Fischlokale direkt am Wasser

- In Los Abrigos (Teneriffa) hat man die Qual der Wahl. Gut aufgehoben ist man im **Restaurante Los Abrigos** direkt über der Mole › **S. 54.**
- Die **Casa Pancho** hält bereits seit fast 50 Jahren an der Playa de la Arena (Teneriffa) die Stellung. Nach wie vor *das* Fischlokal an der Westküste › **S. 60.**
- Bei **Placido** in El Golfo (Lanzarote) wird schnörkellos zubereitetes Seafood in einfachem Ambiente und ungezwungener Atmosphäre geboten – manche Tische stehen direkt im Sand. Sehr beliebt bei Sonnenuntergang › **S. 131.**
- Der **Kiosco Montecarlo** in Puerto de Tazacorte (La Palma) profitiert wie auch die benachbarten Lokale vom Fischerhafen in unmittelbarer Nähe. Tolle Lage an der Strandpromenade › **S. 76.**
- Im **Las Rias** in Meloneras (Gran Canaria) gibt es immer frische Meeresfrüchte. Zu den Spezialitäten gehört *Arroz negro* (»schwarzer Reis«) › **S. 107.**
- Im **Trasmallo** im Hafen von Vueltas (La Gomera) wird aufgetischt, was das Meer gerade hergibt. Meist hat der Kellner noch etwas im Angebot, was nicht auf der Karte steht › **S. 85.**

ausgefallene Vollwertkost ist ein wenig gewöhnungsbedürftig.

Probieren sollte man auf jeden Fall den überall angebotenen Ziegenkäse. Je nach Reifegrad kann zwischen Frischkäse *(queso fresco)*, halbweichem Schnittkäse *(semi tierno* und *semi curado)* und dem mindestens zwei Monate gereiften parmesanartigen Hartkäse *(queso duro)* gewählt werden; beliebt ist auch eine leicht geräucherte Variante *(queso ahumado)*. Eine auf den Norden Gran Canarias beschränkte, aber berühmte Delikatesse stellt der Blütenkäse *(queso de flor)* dar: Die Milch wird hierbei mit dem Saft einer wild wachsenden Artischocke dickgelegt und gewinnt so ein einzigartiges Aroma.

Ein lokales Produkt ist Ziegenkäse

Einflüsse vom Festland

Dass die Kanaren ein Teil Spaniens sind, kommt auch in der Küche zum Ausdruck, etwa durch den verschwenderischen Umgang mit Olivenöl und Knoblauch. Dazu bereichern die von Einwanderern mitgebrachten Rezepte wie Paella, Gazpacho oder Tortilla den Speiseplan. Für Abwechslung sorgen zudem Tapas, Appetithäppchen für den kleinen Hunger, die in speziellen Tapasbars aufgetischt werden.

Kaffee, Wein und Hochprozentiges

Die Canarios genießen Kaffee auf spanische Art: stark und schwarz aus der Minitasse als *café solo* oder hell und süß als *café cortado*. Touristen bevorzugen eher Milchkaffee *(café con leche)*; Espresso, Latte macchiato und Co. konnten noch nicht überall Fuß fassen.

Kanarische Weine machen derzeit verlorenen Boden wieder gut, neue Rebsorten behaupten sich erfolgreich gegen die Importware: Aus Lanzarote kommt z.B. fruchtig-frischer Rosé oder der bernsteinfarbene Moscatel, während in Teneriffas Norden trockene Rotweine mit Herkunftsbezeichnung (D.O.) gekeltert werden.

Als Relikt aus der Ära des Zuckerrohrs wird auf Gran Canaria ein hochprozentiger Rum destilliert und zum Teil mit Honig verfeinert *(ron miel)*. Süß, lecker und ein gern gekauftes Mitbringsel ist Bananenlikör *(crema de banana)* aus Teneriffa.

SPECIAL

Malvasier und Muskateller

Kanarische Weine haben eine lange Geschichte – die kretische Malvasierrebe erreichte bereits vor 400 Jahren die »Glücklichen Inseln«. Der fortan auf den vulkanischen Böden gereifte schwere »Canary sack« (englische Verballhornung für den trockenen Wein – *canario seco)* genoss einst Weltgeltung und wurde von Shakespeare genauso geschätzt wie von Voltaire oder von Casanova.

Die Reblaus und der aus Amerika eingeschleppte Mehltau setzten im 19. Jh. den kanarischen Winzern allerdings arg zu. Erst in den letzten Jahren konnten die Anbaugebiete wieder erweitert werden, und mit der Umstellung auf leichte Weiß- und Rotweine gelang es zudem, den neuen Zeitgeschmack zu treffen.

Reblagen

Teneriffa verfügt mit rund 8000 ha über die größte Weinanbaufläche auf den Kanaren. Aus **Tacoronte** kommt der Tinto maceración, ein perlend prickelnder Rotwein. Fruchtige Weißweine wie der Flor de Chasna werden im trockeneren Inselsüden um **Arico** gekeltert. An den klimatisch begünstigten Steillagen im Süden von La Palma reift der süße Malvasier; die Region **Hoyo de Mazo** an der Ostküste ist für ihre erdigen Rotweine bekannt.

Lanzarotes Weinregion **La Gería** nahe den Feuerbergen wurde durch

 Bild oben: Weinanbau südwestlich von San Bartolomé, Lanzarote eine besondere Anbautechnik berühmt: Die windgeschützt in trichterförmige Mulden eingelassenen Rebstöcke sind Teil einer überaus ästhetisch wirkenden Kulturlandschaft.

Qualitätssiegel

Die kanarischen Weine haben eine geschützte Herkunftsbezeichnung (*Denominación de Origen*, D.O.) – ein Kontrollrat überwacht die Herstellung vom Anbau bis zur Abfüllung und garantiert, dass die Weine auch tatsächlich auf den Kanarischen Inseln angebaut und produziert wurden.

Die besten Bodegas

- **Bodegas Llanovid**

  Die Kellerei an der jungvulkanischen Südspitze ist für ihren *Malvasía dulce* bekannt – der bernsteinfarbene Dessertwein mundet fast so süß wie ein Likör. Die moderne Produktionsanlage ist wochentags zu besichtigen; Weinverkauf ab Hof.

  Los Canarios (La Palma)

  Tel. 922 44 40 78

  www.bodegasteneguia.com

- **Bodegas Monje**

  Die Vorzeigebodega bewirtschaftet lediglich 14 ha, dafür werden erlesene Spitzenweine gekeltert. Besonders stolz ist der Familienbetrieb auf den roten Monje de Autor.

  El Sauzal (Teneriffa)

  Tel. 922 58 50 27

  www.bodegasmonje.com

  Besichtigung tgl. 10–19 Uhr

- **Bodega El Chupadero**

  Bodega und Finca mit Gästehaus und Restaurant. In der urigen Weinpinte gibt es zum guten Hauswein kleine Gerichte.

  An der Straße zwischen Masdache und Uga (Lanzarote)

  Tel. 928 17 31 15

  www.el-chupadero.com

Weinmuseen

Wer sich für kanarischen Wein interessiert, dem sei der Besuch der **Casa del Vino la Baranda** in El Sauzal/Teneriffa emfpohlen (Tel. 922 57 25 35, www.casadelvinotenerife.com, Di 10.30–19.30, im Winter bis 18.30, Mi–Sa 9–21, So 11 bis 18 Uhr). Im Patio steht eine alte Weinpresse und ein Film informiert über die Weinregionen der Insel. Eine Probierstube und ein Feinschmeckerlokal sind angeschlossen (Di–So 10.30–22.30 Uhr).

Vulkanweine aus Lanzarote

Das kleine Bergdorf Masca im Tenogebirge auf Teneriffa

TOP-TOUREN AUF DEN KANARISCHEN INSELN

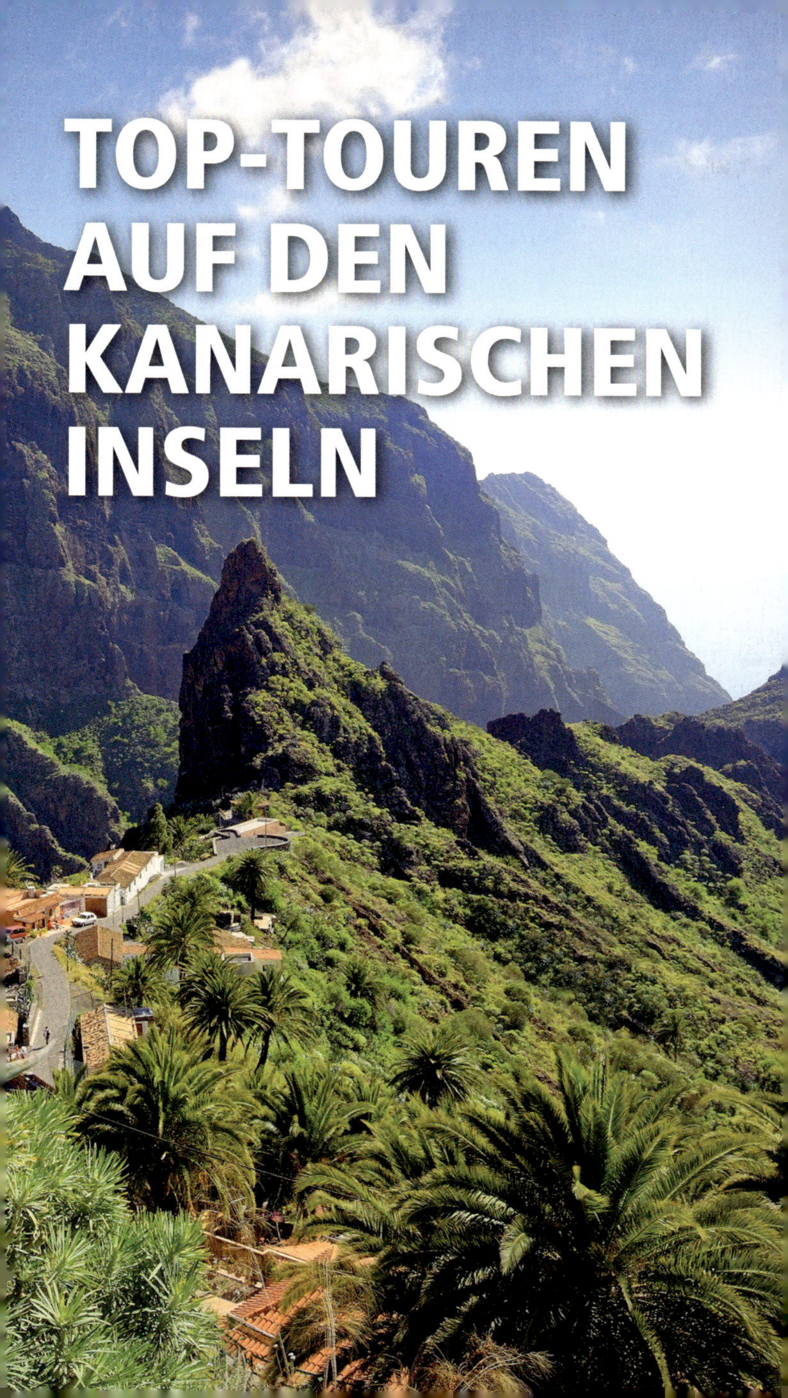

Teneriffa

Das Beste!

- Die bunte Tierwelt im Loro Parque besuchen › S. 62
- Mit der Seilbahn zum höchsten Gipfel Spaniens schweben › S. 59
- Durch die wildromantische Mascaschlucht wandern › S. 60
- Dem ältesten Drachenbaum der Kanaren die Aufwartung machen › S. 61
- Durch die kolonialen Gassen der Weltkulturerbestadt La Laguna bummeln › S. 64

› Karte S. 48

Grandiose Naturräume wie die Cañadas, das Anagagebirge und das Tenomassiv kontrastieren mit den quirligen Ferienstädten im Süden.

Das Relief Teneriffas zeigt sich erstaunlich vielgestaltig. Tief erodierte Täler, bizarre Vulkanlandschaften mit dem höchsten Berg Spaniens und eine durch die Randlage einmalige Flora mit archaischen Drachenbäumen und Resten tertiärer Lorbeerwälder – das alles macht die größte Insel des Kanarischen Archipels zu einem, vielfach ganz unerwarteten, Naturerlebnis.

Viel Sonne bescherte dem Süden einen Touristenboom: Etwa zwei Drittel der Besucher Teneriffas zieht es in die Badeorte an der Süd- und Südwestküste. Gewachsene Strukturen dürfen hier allerdings nicht erwartet werden, Las Américas ist genauso eine Retortenstadt wie das noble Costa Adeje nebenan oder Los Gigantes an der Westküste.

Deutlich mehr Flair verspricht Puerto de la Cruz im Norden der Insel. Prunkvolle Sakralbauten und prächtige Bürgerpaläste erinnern an die koloniale Epoche und in der Altstadt laden Gassen zum Bummeln ein. Der traditionsreiche Ferienort am Rande des Orotava-Tals ist zudem Ausgangspunkt für Ausflüge in die Landstädtchen im Umland oder in die UNESCO-Weltkulturerbe-Stadt La Laguna. Auch die Wandergebiete im Tenomassiv und im Anagagebirge sind schnell erreichbar.

Abgesehen vom Aufenthalt am oder im Wasser ist mit dem Wandern der beliebteste Freizeitsport auf Teneriffa angesprochen. Das bergige Terrain zieht Mountainbiker an. Golfer haben die Wahl zwischen neun attraktiven Parcours.

Touren in der Region

Tour 4 Ins Anagagebirge

Tour-Übersicht:

Verlauf: **La Laguna › Anagagebirge › Taganana › San Andrés › Playa de las Teresitas**

Dauer: 1 Tag; Fahrstrecke: 26 km

Praktische Hinweise:

- Um eine möglichst gute Sicht zu haben, sollte man zu dieser Tour ins Anagagebirge frühzeitig am Morgen aufbrechen, da häufig bereits gegen Mittag aufziehende Passatwolken den ca. 1000 m hohen Bergrücken in eine milchige Suppe hüllen.

Roques de García im Nationalpark Teide

Tour-Start:

Nordöstlich der alten Hauptstadt ****La Laguna** › S. 64 überrascht das ***Anagagebirge** mit immergrünem Lorbeerwald und einer auf dem Grat entlangführenden Panoramastraße, die von zahlreichen Miradores atemberaubende Ausblicke erlaubt. Die Fahrt hinunter nach **Taganana** lohnt sich: Terrassierte Felder, Orangenhaine sowie Dragos geben dem Dorf einen verträumten Anstrich.

Zurück über den Kamm geht es nach **San Andrés.** Das malerische Fischerdorf steht bei Sonnenanbetern hoch im Kurs: Die mit goldgelbem Saharasand künstlich aufgeschüttete ***Playa de las Teresitas** ist einer der besten Badestrände der Insel.

Tour 5 Auf Spaniens höchsten Gipfel

Tour-Übersicht:

Verlauf: **La Orotava › Aguamansa › El Portillo › Pico del Teide**

Dauer: 1 Tag; Fahrstrecke: 38 km

Praktische Hinweise:

- Zur Besteigung ist eine schriftliche Erlaubnis nötig, diese ist nur unter www.reservasparquesnacionales.es erhältlich. Die Genehmigung bezieht sich auf den letzten Abschnitt von La Rambleta zum Gipfel (Wanderweg Telesforo Bravo).

Touren auf Teneriffa

Tour 4
Ins Anagagebirge

La Laguna › Anagagebirge › Taganana › San Andrés › Playa de las Teresitas

Tour 5
Auf Spaniens höchsten Gipfel

La Orotava › Aguamansa › El Portillo › Pico del Teide

Tour 6
Landstädtchen im Norden

Puerto de la Cruz › Icod de los Vinos › Garachico › Punta de Teno › Masca › Santiago del Teide

Die Kuppel der Iglesia de Nuestra Señora de la Concepción überragt La Orotava

Tour 6 Landstädtchen im Norden

Tour-Übersicht:

Verlauf: **Puerto de la Cruz › Icod de los Vinos › Garachico › Punta de Teno › Masca › Santiago del Teide**

Dauer: 1 Tag; Fahrstrecke: 70 km

Praktische Hinweise:

- Masca besucht man am besten am späten Nachmittag, dann herrscht dort weniger Betrieb.

Tour-Start:

Die klassische Auffahrt in den ***Nationalpark Teide** › S. 58 beginnt in ***La Orotava** › S. 61. Auf 1000 m Höhe markiert **Aguamansa** die Siedlungsgrenze. Der Ort ist Ausgangspunkt für Wanderungen in die Umgebung. **El Portillo** bildet den nördlichen Zugang in die Cañadas genannte Vulkanlandschaft. Die von bis zu 500 m hohen Felsen eingefasste Caldera ähnelt einem Amphitheater. Am Westrand erhebt sich der alles überragende ***Pico del Teide** (3718 m) › S. 58. Mit der Seilbahn kann man bis auf 3550 m hochfahren, für das letzte Stück auf dem gut ausgebauten Wanderweg zum Gipfel benötigt man 30 Min.

Tour-Start:

Vom Ausgangspunkt **Puerto de la Cruz** › S. 62 folgt man der Straße nach ****Icod de los Vinos** › S. 61, wo der Parque del Drago mit dem berühmtesten Drachenbaum der Kanaren ab 9.30 Uhr geöffnet ist. Über eine Küstenstraße erreicht man nach der Besichtigung des Drago Milenario ****Garachico** › S. 60. In dem nach einem Vulkanausbruch Anfang des 18. Jhs. wieder aufgebauten Städtchen kann man durch die Altstadt bummeln und am alten Hafen eine Erfrischung zu sich nehmen.

Abenteuerlich ist die am Fuß des Tenomassivs verlaufende Straße zum Leuchtturm an der **Punta de Teno**, von der man bis Los Gigantes schauen kann. Von Buenavista geht es auf einer schmalen Bergstraße nach ****Masca** › S. 60, und nach einer Stärkung im Bergdorf zurück über **Santiago del Teide** › S. 59 – mit wunderbarem Blick auf den Teide.

Unterwegs auf Teneriffa

*Santa Cruz de Tenerife 1

Mit 222 000 Einwohnern ist Teneriffas Hauptstadt die zweitgrößte Stadt der Kanaren. Im Hafen legen Kreuzfahrtschiffe und Fähren an, und Containerschiffe löschen ihre Ware. Das neue Auditorio avancierte sehr schnell zum Wahrzeichen und kulturellen Mittelpunkt der Insel. Großzügige Plätze und Grünanlagen schaffen einen Kontrapunkt zur hohen Verkehrsdichte in der Stadt. Der innerstädtische Verkehr wird durch die 2007 eröffnete Straßenbahnverbindung nach La Laguna zumindest etwas entlastet.

Zur Markthalle

Ausgangspunkt der Tour ist die **Plaza de España,** wo sich das **Monumento de los Caídos** Ⓐ erhebt, das an im Spanischen Bürgerkrieg gefallene Tinerfeños erinnert. Der Platz wurde nach Plänen der Architekten Herzog & de Meuron umgestaltet und durch einen kleinen Salzwassersee aufgewertet, an dessen Ufer sich das Touristenbüro befindet › S. 53. An die zentrale Plaza grenzt der durch den Uhrenturm monumental wirkende **Palacio Insular** Ⓑ, in dem die Inselregierung tagt.

Westlich schließt sich die autofreie **Plaza de la Candelaria** an. Die Inselheilige überblickt aus luftiger Höhe von der Spitze eines Marmorobelisken den Platz. Ihr zu Füßen stehen vier in Stein gehauene Guanchenherrscher. Eines der schönsten Herrenhäuser ist der **Palacio de los Carta** Ⓒ im Norden des Platzes. Der Prachtbau aus dem frühen 18. Jh. ist zzt. nur von außen zu besichtigen.

- Ⓐ Monumento de los Caídos
- Ⓑ Palacio Insular
- Ⓒ Palacio de los Carta
- Ⓓ Iglesia Nuestra Señora de la Concepción
- Ⓔ Museo de la Naturaleza y el Hombre
- Ⓕ Tenerife Espacio de las Artes (TEA)
- Ⓖ Mercado Nuestra Señora de Africa
- Ⓗ Teatro Guimerá
- Ⓘ Museo de las Bellas Artes
- Ⓙ Iglesia San Francisco
- Ⓚ Circulo de Amistad XII
- Ⓛ Auditorio de Tenerife

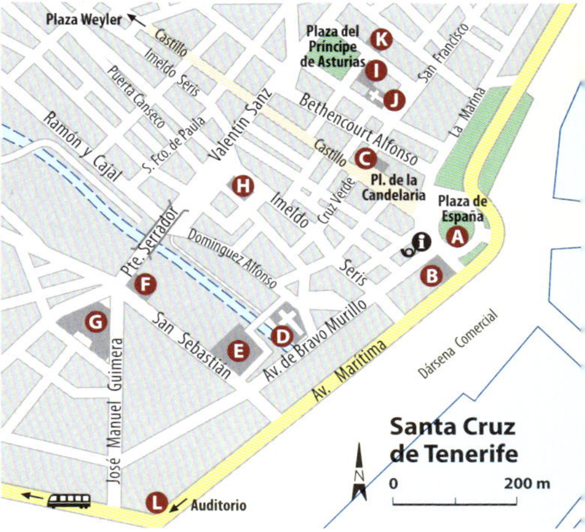

Das Auditorio de Tenerife

Über die Calle de Candelaria gelangt man zur ***Iglesia Nuestra Señora de la Concepción** D, der ältesten Kirche der Stadt. Sie wurde kurz nach der Stadtgründung einschiffig erbaut, brannte 1652 aus und wurde nach und nach zu einem fünfschiffigen Bau erweitert. Vom Ausguck auf dem Glockenturm wurde einst die Küste überwacht. Im Inneren beeindruckt unter der kunstvollen Mudéjardecke der barocke Hochaltar von Luján Pérez.

Unweit der Kirche befindet sich das ***Museo de la Naturaleza y el Hombre** E. Das integrierte Archäologische Museum informiert über die Lebensweise der Guanchen. Eine naturkundliche Abteilung im selben Gebäude dokumentiert Fauna und Flora der atlantischen Gewässer (Eingang Calle Fuente Morales, s/n, www.museosdetenerife.org, Di–Sa 9–20, So, Mo, Fei 10 bis 17 Uhr).

Ganz in der Nähe liegt das **Tenerife Espacio de las Artes (TEA)** F. Das Kunst- und Kulturzentrum beherbergt das Instituto Oscar Domínguez, das die surrealistischen Werke des berühmten grancanarischen Malers zeigt. In dem postmodernen Bau von Herzog & de Meuron ist auch ein Zentrum für Fotografie ansässig (Avenida de San Sebastián, 10, www.teatenerife.es, Di–So 10 bis 20 Uhr).

Den **Mercado Nuestra Señora de Africa** G sollte man am frühen Vormittag besuchen (Mo–Sa 6–14, So 7–14 Uhr). In den Marktcafés kann man einen Kaffee genießen. Am Sonntagmorgen lockt ein großer Flohmarkt neben der Markthalle.

Erst-! klassig

Zur Plaza del Príncipe de Asturias

Zurück über das ausgetrocknete Bett des Barranco de Santos passiert man eines der wichtigsten Kulturforen der Stadt, das **Teatro Guimerá** H. In dem Theater, benannt nach dem in Santa Cruz geborenen Dramatiker Ángel Guimerá (1847–1924), werden auch Kabarett und Musikshows aufgeführt (www.teatroguimera.es).

Im einstigen Franziskanerkonvent an der **Plaza del Príncipe** gewährt das **Museo Municipal de las Bellas Artes** I Einblick ins lokale Kunstschaffen (Eingang Calle José Murphy, 12, Di–Fr 10–20, Sa, So bis 15 Uhr, Eintritt frei).

In der Klosterkirche **Iglesia San Francisco** J, die mit einer kunstvollen Holzdecke und einem Barockaltar ausgestattet ist, werden häufig Orgelkonzerte gegeben. Schließlich sollte man noch einen Blick auf den

Circulo de Amistad XII de Enero Ⓚ werfen. Der Prachtbau schwelgt in eklektizistischem Stil.

Idyllische kleine Plätze

Die Einkaufsmeile **Calle Castillo** mündet auf die von klassizistischen Bauten umschlossene **Plaza Weyler**. Die Mitte ziert der marmorne **Fuente del Amor**, der löwenköpfige Wasserspender wurde von Achille Canessa geschaffen. In der **Capitanía General** (Militärkommandantur) an der Westseite brütete Franco 1936 seine Putschpläne aus. Eine Augenweide sind die gefliesten Bänke mit Werbemotiven der 1920er-Jahre an der **Plaza del 25 de Julio.**

Am südlichen Stadtrand

Im aufstrebenden Viertel Cabo Llanos thront unmittelbar am Wasser, neben dem Castillo de San Juan, das

Erst-! klassig

*Auditorio de Tenerife Ⓛ (www.auditoriodetenerife.com). Der elegante Bau von Santiago Calatrava ist u.a. Bühne für das Festival der Kanarischen Musik (www.festivaldecanarias.com).

Infos

Oficina de Información Turística

- Plaza de España
- Tel. 922 28 12 87
- www.webtenerife.com

Verkehr

- **Schiffsverbindungen:** Fähren nach Las Palmas mehrmals pro Woche; 6-mal tgl. Fähren nach Agaete/Gran Canaria.
- **Busbahnhof:** Avenida Tres de Mayo, Busse und Infos: www.titsa.com.
- **Straßenbahn:** Die Linie 1 verkehrt ab Intercambiador (Avenida Tres de Mayo) zur Universität in La Laguna.

Hotels

Grand Hotel Mencey ●●●

Das luxuriöseste Haus der Stadt, mit Spitzenrestaurant und Pool.

- Avenida Dr. José Naveiras, 38
- Tel. 922 60 99 00
- www.grandhotelmencey.com

Taburiente ●●

Gut ausgestattetes 3-Sterne-Hotel mit nostalgischem Charme am Parque García Sanabria.

- Dr. José Navieras, 24 a
- Tel. 922 27 60 00
- www.hoteltaburiente.com

Océano ●

In der Fußgängerzone; große, zweckmäßig möblierte Zimmer.

- Castillo, 6
- Tel. 922 27 08 00
- www.hoteloceanotenerife.com

Restaurants

Mesón Castellano ●●

In diesem Esstempel werden u.a. Lamm- und iberische Wurstspezialitäten serviert. So Ruhetag.

- Callao de Lima, 4
- Tel. 922 27 10 74

La Hierbita ●●

In dem rustikalen Stadthaus vermischt sich traditionelle kanarische Küche mit neuen Ideen. Man kann auch Gofio und lokale Weine bestellen.

- El Clavel, 19
- Tel. 922 24 46 17
- www.lahierbita.com

› Karte S. 48

Mesón Los Monjes ●●
Typisch kanarische Küche, sehr beliebtes Restaurant.
- Paseo Milicias de Garachico, 7
- Tel. 922 24 65 76

Nightlife

Bars und Kneipen findet man vor allem in den Vierteln rund um die Plaza de Toros und Plaza de Paz.

Candelaria 2

Das Landstädtchen an der Ostküste ist im August Schauplatz der größten Wallfahrt der Kanarischen Inseln. Ziel der Pilger ist die **Basílica de Nuestra Señora de la Candelaria,** in der die Schutzpatronin des Archipels verehrt wird. Die Basilika ersetzt seit 1958 einen vom Sturm zerstörten Vorgängerbau. Der Kirchplatz wird zur Meerseite hin von neun überlebensgroßen Guanchenskulpturen gesäumt.

Nördlich von Candelaria konnte sich an der **Playa de las Caletillas** ein bescheidener Badetourismus entwickeln.

El Médano 3

Der Ort war die Keimzelle des Tourismus im Süden: Die ersten Sommergäste mieteten sich 1963 im Traditionshotel Médano ein.

Heute ist die **Playa del Médano** der längste hellsandige Naturstrand der Insel und zudem ein Mekka der Wind- und Kitesurfer. Vor dem Vulkankegel Montaña Roja zieht sich der feine Strand kilometerweit bis in den Ort.

Erst-! klassig

Hotels

Hotel Médano ●●
Gehört zu den ältesten Häusern im Süden, die Sonnenterrasse ruht auf ins Meer gebauten Pfeilern.
- Paseo Picacho, 4
- Tel. 922 17 70 00
- www.medano.es

Playa Sur Tenerife ●●
In exponierter Alleinlage am südlichen Ende des Surferstrandes; unter deutscher Leitung.
- Playa de El Médano
- Tel. 922 17 61 20
- www.hotelplayasurtenerife.com

Restaurants

Wenige Kilometer östlich von El Médano stehen in Los Abrigos eine Reihe guter Fischlokale zur Auswahl, z.B. **Los Abrigos** (●●, Calle La Marina, 3, Tel. 922 17 02 64, www.restaurantelosabrigos.com) an der Küstenstraße oberhalb des Hafens. Es gibt Dorade, Zackenbarsch, Papageienfisch und andere Klassiker, die Preise richten sich nach dem Gewicht des Fisches.

Erst-! klassig

Costa del Silencio 4

Fernab vom Trubel liegt am südöstlichen Zipfel Teneriffas die Costa del Silencio. Dem schon in den 1960er-Jahren touristisch erschlossenen Küstenstrich fehlt es jedoch bislang an einer zufriedenstellenden Strandlösung, man ist weitgehend auf die Hotelpools angewiesen. Die größte Urlaubersiedlung an der Costa del Silencio ist der relativ günstige Ferienpark **Ten-Bel** (bei diversen Anbietern zu buchen).

Jachten und Fischerboote im Hafen von Los Cristianos

Los Cristianos 5

Los Cristianos ist mit den Nachbarorten Las Américas und Costa Adeje nahtlos zu einer riesigen Hotelstadt zusammengewachsen. Vom einstigen Fischerdorf ist aber zumindest noch so etwas wie ein gewachsener Ortskern erkennbar. Auf einer 16 km langen Uferpromenade – angeblich die längste in Europa – kann man vom Hafen bis nach La Caleta spazieren.

Sehr beliebt und für Rollstuhlfahrer vorbildlich ausgebaut ist die Playa de la Vista westlich des Hafens, der Drehkreuz für den interinsularen Fährverkehr ist.

Erst-! klassig

Infos

Oficina de Información Turistica

- Paseo Las Vistas, 1
- Tel. 922 78 70 11

Verkehr

Schiffsverbindungen: Fähren nach La Gomera, La Palma und El Hierro. Mit Ausflugsbooten können Wal- und Delfinsafaris unternommen werden.

Hotels

Arona Gran Hotel ●●●

Elegante 4-Sterne-Anlage direkt am Meer (381 Zimmer); mit Sportanimation.

- Avenida Juan Carlos I, 38
- Tel. 922 75 06 78
- www.springhoteles.com

Andrea's ●

Untere Mittelklasse; etwas vom Verkehr beeinträchtigt, aber günstig.

- Avenida del Valle Menéndez, s/n
- Tel. 922 79 00 12
- www.reveronhotels.com

Restaurants

Casa del Mar ●●

Fischlokal direkt am Hafen.

- Expl. del Muelle | Tel. 922 75 13 23

Rincón del Marinero ●●

Kaninchen, guter Fisch.

- Cabezo, 1 | Tel. 922 79 35 53
- www.rincondelmarinero.com

› Karte S. 48

Playa de las Américas/ Costa Adeje 6

Zusammen bilden die Badeorte Playa del las Américas und Costa Adeje an der Südküste Teneriffas eine der größten Ferienstädte Europas – entsprechend lebhaft geht es dort zu. Geboten wird Urlaub total mit Flaniermeilen, Amüsierbetrieben, Einkaufszentren und Badebuchten – ein gänzlich künstliches Paradies, aber doch quicklebendig. Noch vor 50 Jahren gab es hier nicht mal eine Straße.

Wesentlich jünger als die bereits in die Jahre gekommenen Hotelkomplexe in Las Américas sind die mondänen Luxusherbergen an der Costa Adeje. Mit Themenhotels wie dem luxuriösen ***Gran Hotel Bahía del Duque** › **S. 57** steht Costa Adeje für eine detailverliebte Hotelarchitektur, die sich recht angenehm von den einförmigen Quartieren aus der Frühphase des Massentourismus abhebt. Ein Spaziergang entlang der kilometerlangen Uferpromenade macht mit dem postmodernen Stilmix bekannt.

Im Hinterland der Ferienstädte gibt es etliche Freizeitparks, die etwas Abwechslung vom Strandleben versprechen. Der größte und spektakulärste davon ist der Erlebniswasserpark ***Siam Park** (www.siampark.net, tgl. 10–18, im Winter bis 17 Uhr). Auf einer Fläche von 180 000 m² verteilen sich in dem im Thai-Stil angelegten Wasserpark ein Wellenschwimmbad und verschiedene Riesenrutschen und andere Attraktionen. Eine Seelöwenshow sorgt u.a. für zusätzlichen Spaß.

Erst-! klassig

Infos

Touristinfo für den südlichen Abschnitt (Gemeinde Arona)

- Calle El Calvario, 5
- Tel. 922 72 51 80
- www.arona.travel

SEITENBLICK

Die Pyramiden von Güímar

Unter der Leitung des 2002 verstorbenen norwegischen Ethnologen Thor Heyerdahl entstand in Güímar der **Parque Etnográfico,** dessen Zentrum mehrere Steinpyramiden bilden. Heyerdahl betrachtete die Pyramiden von Chacona als ein Bindeglied zwischen den ägyptischen und den aztekischen Pyramiden in der Neuen Welt; womöglich dienten sie einem astronomischen Zweck. Bevor sich der Norweger des Phänomens annahm, hielt man die Relikte nur für Lesesteinmauern, wie sie im bäuerlichen Umfeld zu finden sind. Die höchste der wie aztekische Stufenbauten terrassenförmig aufgeschichteten Pyramiden ist etwa 10 m hoch.

Kanarische Archäologen indes bewerten die Ausgrabungen eher zurückhaltend; solange vorspanische Siedlungsspuren nicht eindeutig bewiesen sind, wird den Pyramiden lediglich ein Alter von maximal 200 Jahren zugeschrieben. Zu finden sind sie an der Straße nach Arafo in der Calle Chacona (Tel. 922 51 45 10, www.piramidesdeguimar.es, tgl. 9.30–18 Uhr).

Touristinfo für den nördlichen Abschnitt (Gemeinde Adeje)
- Avenida Rafael Puig de Lluvina, 1
- Tel. 922 75 06 33
- www.costa-adeje.es

Verkehr

Busverbindungen: Tgl. verkehren Busse nach Santa Cruz, in die Cañadas und in alle wichtigen Orte im Süden der Insel.

Hotels

Gran Hotel Bahía del Duque ●●●
Luxus pur in einem schlossähnlichen Gebäudekomplex mit Spa-Zentrum, Park- und Poollandschaft. Der Clou sind die sündhaft teuren Designervillen mit Privatpool und persönlichem Butler-service.
- Avenida Bruselas
- Tel. 922 74 69 32
- www.bahia-duque.com

Gran Hotel Anthelia ●●●
Komforthotel in der ersten Strandreihe; bombastische Lobby und vielfältige Wellness- und Sportangebote.
- Calle Londres, 15
- Tel. 922 71 73 35
- www.iberostar.com

Lagos de Fañabé ●●
Ansprechende Reihenbungalows rund um zwei Pools; direkt am Strand.
- Urb. Playa Fañabé | Calle Londres, 7
- Tel. 922 71 25 63
- www.sandandsea.es

Aparthotel Panorama ●●
Die funktional eingerichteten Studios können mit Frühstück oder Halbpension gebucht werden. Ruhige Lage nahe der Promenade. Gutes Preis-Leistungs-Verhältnis.
- Avenida Gran Bretaña
- Tel. 922 79 16 11
- www.hovima-hotels.com

Restaurants

Las Rocas Beach Club ●●●
Einladender Pavillon mit Pool und Liegen direkt über dem Meer. Fisch und Meeresfrüchte sowie Paella sind sehr zu empfehlen.
- Beim Hotel Jardín Tropical
- Tel. 922 74 60 64

La Torre del Mirador ●●
Großes Lokal im gleichnamigen Einkaufszentrum, das zum Essen schöne Aussichten bietet.
- Avenida Bruselas
- Tel. 922 71 22 09
- www.latorredelmirador.com

Erst-! klassig

Ausflug in die **Höllenschlucht nach Adeje** 7

Zu den beliebtesten Ausflugszielen im Süden Teneriffas gehört der ***Barranco del Infierno** in Adeje. Die Schlucht ist allerdings nach einem tödlichen Unfall seit 2009 wegen Steinschlaggefahr auf unbestimmte Zeit geschlossen. Bis dato konnte man gegen eine Eintrittsgebühr bis zu einem Wasserfall am Ende des Barrancos wandern (hin und zurück ca. 2,5 Std.). Die „Höllenschlucht" ist Teil eines Naturschutzgebietes und für ihre vielfältige Flora bekannt. Über eine eventuelle Wiedereröffnung informieren die Touristenbüros in Los Cristianos und Playa de las Américas und www.barrancodelinfierno.es.

Blick nach Vilaflor

*Vilaflor 8

Erst-klassig

Das malerisch am Südhang des Teidemassivs gelegene Bergdorf Vilaflor ist mit 1400 m ü. d. M. die höchstgelegene Siedlung der Kanaren. Kiefernwälder, Weinberge und im Februar blühende Mandelbäume verleihen dem Ort ein liebliches Flair. Zu Füßen des Dorfes erstreckt sich eine kunstvoll terrassierte Kulturlandschaft. Ähnlich wie auf Lanzarote werden die Felder im Trockenfeldbau *(enarenado)* bestellt; die vulkanischen Böden werden mit einer Bimssteinschicht abgedeckt.

SEITENBLICK

Mondlandschaft

Etwa 3 km oberhalb von Vilaflor zweigt eine Piste zur ***Paisaje Lunar** ab. Aus Naturschutzgründen wurde die Zufahrt für den motorisierten Verkehr gesperrt, sodass die »Mondlandschaft« nur im Rahmen einer fünfstündigen Wanderung (hin und zurück) erkundet werden kann. Die vom Wind seltsam geformten Tuffsteinkegel zählen zu den außergewöhnlichsten Gesteinsformationen Teneriffas.

Hotel

Hotel Spa Villaba ●●●

Das komfortable Berghotel ist ein guter Ausgangspunkt für Wanderungen in den Nationalpark Teide.

- Camino San Roque
- Tel. 922 70 99 30
- www.reveronhotels.com

Restaurant

El Sombrerito ●

Landgasthof, der auch einfache Zimmer anbietet; Spezialitäten: Ziegenfleisch und Kaninchen.

- Santa Catalina, 15
- Tel. 922 70 90 52

***Nationalpark Teide 9

Der **Parque Nacional del Teide** ist das geologische und botanische Aushängeschild Teneriffas und darf sich seit 2007 mit dem Weltnaturerbetitel der UNESCO schmücken.

Über dem gewaltigen Kraterkessel der Cañadas hebt sich wie das Muster eines Vulkans der ***Pico del Teide** (3718 m) empor, Wahrzeichen der Insel und Spaniens höchster Berg. Er bildete sich vor rund 500 000 Jahren durch Eruptionen

1

aus dem Kraterboden. Von der Talstation der Seilbahn kann man in nur acht Minuten zur Rambleta in 3550 m Höhe hinaufgondeln (www.pico-del-teide.com, tgl. 9–16 Uhr). Von der Bergstation wird auf einem gut ausgebauten Wanderweg ein spektakulärer Aussichtspunkt auf den benachbarten Kraterkessel des Pico Viejo (3134 m) erreicht (Genehmigung erforderlich › S. 49).

Erst-! klassig

Der meistbesuchte Ort im Nationalpark sind die ***Roques de García** in der Nähe des Paradors. Die vom Wind freigewitterte Felsgruppe lässt sich umrunden, wobei sich gleichzeitig Einblicke in die Hochgebirgsflora eröffnen. Von Los Roques hat man zudem eine beeindruckende Sicht auf die tiefer gelegene Ebene von **Ucanca,** die sich nach der Schneeschmelze zeitweilig in einen kleinen See verwandelt.

Infos

Centro de Visitantes
Besucherzentrum, Filmvorführungen.
- El Portillo | Carretera TF-21, km 32
- Tel. 922 35 60 00

Verkehr

Busverbindungen: Tgl. morgens fährt jeweils ein Bus ab Playa de las Américas und Puerto de la Cruz zum Parador und zur Seilbahnstation.

Hotel

Parador Las Cañadas del Teide ●●●
Stilvolles, in 2100 m Höhe gelegenes Berghotel; im Restaurant wird typisch kanarische Küche geboten.
- Tel. 922 37 48 41
- www.parador.es

Puerto de Santiago/ *Los Gigantes 10

In Teneriffas Westen säumen die zusammengewachsenen Ferienorte Puerto de Santiago und Los Gigantes den von der Sonne verwöhnten Küstenstrich. Die **Playa de la Arena** gehört zu den besten Naturstränden der Insel.

Am Fuß von **Los Gigantes,** einer mächtigen, ca. 500 m hohen Klippe, entstand ein Jachthafen mit einer relativ ruhigen Feriensiedlung in Hanglage. Es werden Bootsfahrten und Walsafaris entlang der Steilküste angeboten.

Erst-! klassig

Ausflug nach Santiago del Teide 11

Santiago liegt malerisch in einem von Mandelbäumen bestandenen Hochtal. Der Blickfang des Ortes, der seinen Beinamen der Aussicht auf den Teide verdankt, ist das maurisch inspirierte Kuppeldach der Dorfkirche.

Hotels

Barceló Santiago ●●–●●●
Beliebtes Großhotel in Panoramalage auf Landvorsprung über dem Meer. All-inclusive möglich, alle Mahlzeiten als Buffet; sehr guter Service.
- Puerto de Santiago | La Hondura, 8
- Tel. 922 86 09 12
- www.barcelosantiago.com

Poblado Marinero ●●
Schöne Apartments direkt am Jachthafen; auch geräumige Ferienwohnungen mit zwei Schlafzimmern.

› Karte S. 48

- Los Gigantes | Calle Los Guios
- Tel. 922 86 09 66
- www.pobladomarinero.com

Restaurant

Casa Pancho ●●
Traditionslokal direkt am Strand mit fangfrischem Fisch, Eintöpfen und großer Weinkarte. Mo Ruhetag.

- Playa de la Arena
- Tel. 922 86 13 23

**Masca 12

Das kleine Bergdorf im Tenogebirge war bis in die 1960er-Jahre nur über Saumpfade zugänglich, inzwischen wird es vom motorisierten Ausflugsverkehr fast überrollt. Die Besucherströme suchen hier vor allem das ursprüngliche Teneriffa, doch die Souvenirläden und Restaurants haben sich schon lange an die Ausflügler angepasst. Schön geblieben ist der malerisch auf einem Bergrücken platzierte Ort mit seinen schmucken alten Bauernkaten dennoch.

Im Ort beginnt ein bei Wanderern sehr beliebter und spektakulärer Abstieg durch die **Masca-Schlucht.** Man schließt sich am besten einer organisierten Tour an und lässt sich, unten am Meer angekommen, mit dem Boot nach Los Gigantes schippern – das erspart den Wiederaufstieg. Die Wanderung wird von beinahe allen lokalen Wanderveranstaltern angeboten, so etwa von Heidis Wanderclub (www.heidis-wanderclub.de).

Erst-! klassig

Blick auf Garachico

**Garachico 13

Ihre schwerste Zeit erlebte die Kleinstadt 1706, als der damals blühende Ort von herabfließenden Lavamassen in Schutt und Asche gelegt wurde. Das wiederaufgebaute Hafenstädtchen mutet dennoch wie ein Relikt aus dem Mittelalter an. Unbeschadet überstand das 1571 direkt ans Meer gebaute **Castillo de San Miguel** den Vulkanausbruch. Den Mittelpunkt der ruhigen Altstadt bildet die **Plaza de Libertad** mit dem ehemaligen Franziskanerkonvent und der angrenzenden Stiftskirche **Glorieta de San Francisco.**

Vom **Mirador de Garachico** oberhalb des Städtchens zeigt sich der Küstenstrich wie aus der Vogelschau.

Erst-! klassig

Hotel

San Roque ●●●
Extravagantes kleines Designerhotel in Herrenhaus des 18. Jhs. Liegt ruhig im Herzen der ländlich wirkenden Altstadt.

- Esteban de Ponte, 32
- Tel. 922 13 34 35
- www.hotelsanroque.com

Restaurant

Casa Gaspar ●●
Beliebtes großes Fischlokal gegenüber der Hafenmole.

- Calle Esteban de Ponte, 44
- Tel. 922 83 00 40

**Icod de los Vinos 14

Das Topziel im ehemaligen Weinstädtchen verdankt seinen hohen Bekanntheitsgrad einem Drachenbaum, der der älteste seiner Art sein soll und den die Einheimischen ***Drago Milenario,** tausendjähriger Drachenbaum, nennen. Sein bizarres Geflecht aus unzähligen Flaschenästen ist eines der meistfotografierten Motive Teneriffas. Im **Parque del Drago** präsentiert ein kleiner botanischer Garten die heimische Flora (tgl. 9.30–18.30 Uhr).

Nur einige Schritte entfernt lohnt ein Besuch der **Iglesia San Marcos.** In ihrem Kirchenmuseum ist ein an die 2 m hohes, filigran gearbeitetes Kreuz aus mexikanischem Silber zu bestaunen, angeblich aus 47 kg des Edelmetalls gefertigt.

*La Orotava 15

Im von steilen Gassen geprägten Landstädtchen ist die ***Casa de los Balcones** ein Anziehungspunkt. Das prächtige Gebäude von 1632 gefällt durch den herrlichen, von kunstvollen Balkongalerien gezierten Innenhof. Eine Stickereischule bietet eine große Auswahl an Souvenirs (www.casa-balcones.com).

Unterhalb der Casa de los Balcones ragt, flankiert von zwei Türmen, die Kuppel der **Iglesia de Nuestra Señora de la Concepción** über die Dächer der Altstadt. In der Kirche verbergen sich Heiligenfiguren von Luján Pérez und ein sehenswerter marmorner Barockaltar des italienischen Künstlers Giuseppe Gagini.

Wer sich für iberoamerikanisches Kunsthandwerk interessiert, dem wird im **Museo de Artesanía Iberoaméricana** das Herz aufgehen. Das Museum im ehemaligen Dominikanerkloster an der Calle Tomás Zerolo, 34, zeigt u.a. Keramik, Masken, Kleinaltäre, und Fächer (Mo 9–15, Di–Fr 9–17, Sa 9–13 Uhr).

Casa de los Balcones in La Orotava

Hotel

Victoria ●●
Wunderschön restauriertes kanarisches Stadthaus mit 14 geschmackvoll eingerichteten Zimmern. Nobles À-la-carte-Restaurant.

- Hermano Apolinar, 8
- Tel. 922 33 16 83
- www.hotelruralvictoria.com

Shopping

In der Markthalle bieten die Bauern auf dem **Mercado del Agricultor** frische Produkte der Region an (Sa 9–14 Uhr).

*Puerto de la Cruz 16

Die Stadt (32 800 Einw.) am Ausgang des Orotava-Tals ist das größte Touristenzentrum Nordteneriffas. Hier feierte der kanarische Fremdenverkehr seine Geburtsstunde, als Charterflüge Ende der 1950er-Jahre den Ort ins Zeitalter des Massentourismus beförderten.

Von der Altstadt blieb die ***Plaza del Charco** erhalten, bis heute quirligster Platz der Stadt. Von dort führt eine sehr schöne Fußgängerzone zur **Iglesia Nuestra Señora de la Peña**, vor deren barockem Altaraufsatz sich fast täglich Pärchen das Jawort geben.

Was der rauen Nordküste von der Natur versagt blieb, schenkte ihr der Künstler César Manrique: eine künstliche Pool- und Gartenlandschaft. Der ***Lago Martiánez** (tgl. 10–18, im Sommer bis 20 Uhr) zählt zu den herausragendsten Arbeiten des Allroundtalents und zieht jedes Jahr Hunderttausende von Gästen an, die sich in den ausgedehnten Wasserbecken zwischen subtropischem Grün erfrischen. Manrique war auch an der Planung der **Playa Jardín** beteiligt. Der künstlich angelegte, fast 2 km lange schwarze Sandstrand ist durch Wellenbrecher vor der Brandung einigermaßen geschützt. Erst-! klassig

Kurios klingt die Entstehungsgeschichte des berühmten **Jardín Botánico** oberhalb des Viertels La Paz. Ursprünglich sollten in dem 1788 angelegten Park tropische Gewächse aus den überseeischen Kolonien akklimatisiert werden, um diese später auf dem spanischen Festland heimisch zu machen. Die Pflanzen gediehen in Puerto de la Cruz prächtig, doch den Winter auf der Peninsula überlebten sie nicht. Viel bestaunt sind heute die luftwurzelnde Würgerfeige und der Leberwurstbaum (tgl. 9–18 Uhr). Erst-! klassig

SEITENBLICK

Schöne Aussichten

Einen Überblick über das von Alexander von Humboldt wegen seiner Schönheit überschwänglich gepriesene Valle de Orotava bietet sich vom **Mirador de Humboldt** an. Wenn sich auch in dem von der Nordautobahn zweigeteilten Tal mit ausufernden Bananenplantagen und der Skyline von Puerto de la Cruz seit Humboldts Besuch im Jahre 1799 so manches geändert hat – reizvoll ist der Ausblick immer noch.

**Loro Parque

2

Ein Besuchermagnet ersten Ranges ist der Loro Parque. Der weitläufige

Freizeitpark lockt mit Papageien, Seelöwen und toller Delfinshow. Erst-! klassig Ein spektakuläres Meeresaquarium ermöglicht den Blickkontakt zu Riff- und Katzenhaien. Unter der verglasten Kuppel des Pinguinariums tummelt sich eine stattliche Kolonie von Königs- und Humboldtpinguinen. Papageienfreunde können über 300 Arten der bunt gefiederten Vögel bestaunen. Als weiteres Highlight zeigen Schwertwale, was sie alles können (www.loroparque.com, tgl. 8.30–18.45 Uhr, Erw. 33 € Kinder 6–11 Jahre 22 €).

Farbenprächtige Papageien im Loro Parque

Infos

Oficina de Turismo

- Las Lonjas, s/n
- Tel. 922 38 60 00 | Fax 922 38 47 69

Verkehr

Busverbindungen: In alle wichtigen Orte, ab Busbahnhof Calle del Pozo.

Hotels

Botánico ●●●

Luxushotel der Extraklasse mit Wellnesszentrum und Parklandschaft.

- Avenida Yeoward, 1
- Tel. 922 38 14 00
- www.hotelbotanico.com

Tigaiga ●●●

76 geräumige Zimmer in exklusiver Lage oberhalb von Puerto de la Cruz. Schöner subtropischer Garten.

- Parque Taoro, 28 | Tel. 922 38 35 00
- www.tigaiga.com

Monopol ●

92-Zimmer-Altstadthotel mit schönem Patio und einladender Balkonfront.

- Quintana, 15
- Tel. 922 38 46 11
- www.monopoltf.com

Restaurants

Regulo ●●

Im stilvollen Ambiente eines alten Bürgerhauses werden leckere Fisch- und Lammgerichte serviert. Immer gut besucht, es empfiehlt sich zu reservieren. So, Mo mittags geschl.

- Pérez Zamora, 16 | Im Viertel Ranilla
- Tel. 922 38 45 06

La Rosa di Bari ●●

Das heimeligen Altstadtlokal im Fischerquartier serviert gute italienische Küche.

- Lomo, 23 | Tel. 922 36 85 23
- www.larosadibari.com

La Magnolia ●●

Hervorragende katalanische Küche nahe des Botanischen Gartens.

Universitätsstadt und Bischofssitz: La Laguna

- Avenida Marqués de Villanueva del Prado s/n | Tel. 922 38 56 14
- www.magnoliaelpayes.com

Nightlife

Auf einem Inselchen im Lago Martiánez › **S. 62** lockt das **Casino** mit Glücksspielen (www.casinostenerife.com).

3 **La Laguna 17

Die frühere Hauptstadt La Laguna (153 000 Einw.), seit dem Jahr 2000 Weltkulturerbe, strotzt geradezu vor kolonialem Flair. Die zahlreichen Kirchen, Klöster und Adelspaläste lassen die Universitätsstadt wie ein aufgeschlagenes Geschichtsbuch erscheinen.

Die Nordwestseite der ***Plaza del Adelantado** begrenzen die wuchtigen Mauern des alten Frauenklosters **Santa Catalina.** Im Eckturm mit den kunstvoll gedrechselten Sichtschutzblenden, die den Nonnen ermöglichten, das Geschehen auf dem Platz zu beobachten, ohne selbst gesehen zu werden, kommt der islamische Einfluss zum Tragen. Der angrenzende profane **Palacio de Nava** aus dem 16. Jh. stand einst im Mittelpunkt des gesellschaftlichen Lebens der wohlhabenden Geschlechter.

Vom Platz geht die Calle Obispo Rey Redondo ab, in der gleich zwei der sehenswertesten Sakralbauten der Insel zu besichtigen sind. Die Bischofskirche ***Catedral de los Remedios** birgt hinter ihrer klassizistischen Fassade wertvolle Kunstschätze, darunter auch das Altarbild, das der flämische Meister Hendrik van Balen schuf. Am Ende der Straße erhebt sich die zum nationalen Kulturdenkmal erklärte ***Iglesia de Nuestra Señora de la Concepción.** Aus dem grün glasierten Majolika-Taufbecken empfingen die letzten Guanchen die Taufe.

Abendstimmung in Santa Cruz de La Palma

La Palma

Das Beste!

- Auf dem Bauernmarkt in Mazo landestypische Spezialitäten einkaufen › S. 72
- Am Strand von Puerto Naos im Schatten einer Kokospalme relaxen › S. 73
- Zu den Observatorien auf dem Roque de los Muchachos hochfahren › S. 69, 74
- Von der Cumbrecita in einen der größten Krater der Welt schauen › S. 69, 75
- Sich von der kunstvoll gestalteten Plaza La Glorieta in Las Manchas verzaubern lassen › S. 74

› Karte S. 68

Kiefern- und Lorbeerwälder, dazu ein gewaltiger Kraterkessel im Zentrum – die »Isla Bonita« gilt vielen als die Schönste der Kanarischen Inseln.

Duftende Kiefern und üppiger Lorbeerwald-Dschungel, aber auch grandiose Vulkanlandschaften im Süden prägen das Erscheinungsbild von La Palma. Ein fast 2500 m hoher Gebirgskamm, der zugleich als Wetterscheide fungiert, teilt die Insel in zwei Hälften. Die Passatwolken stauen sich vor allem im Norden und über der Ostküste und sorgen dort für mehr Niederschläge als auf der trockenen Westseite.

An der Ostküste entstand mit Los Cancajos ein Badeort, dessen geschützter Strand das ganze Jahr über Badebetrieb erlaubt und auch für Familien und ältere Menschen gut geeignet ist. Die Hauptstrände auf der sonnenverwöhnten Westseite sind Puerto Naos und Puerto de Tazacorte, wobei sich der Tourismus vor allem am Palmenstrand von Puerto Naos konzentriert.

Abseits der Küstenorte ist der Landtourismus *(Turismo rural)* sehr beliebt: Dem Feriengast auf La Palma stehen zahlreiche restaurierte Fincas und Landhäuser zur Auswahl. Sie liegen allerdings meist etwas ab vom Schuss, sodass man einen Mietwagen einplanen sollte.

Landschaftliches Highlight im Inselzentrum ist der Nationalpark Caldera de Taburiente, in den Exkursionen auf einem gut ausgebauten und markierten Wanderwegnetz unternommen werden können. Aber auch die anderen Inselteile sind bestens für Wanderer erschlossen, insgesamt laden 1000 km ausgewiesene Wanderpfade zu Touren für alle Ansprüche ein. Wer sich auf die Spuren der Ureinwohner begeben will, kann prähistorische Höhlenwohnungen und Felsinschriften entdecken.

Touren in der Region

Tour 7 Die Nordtour

Tour-Übersicht:

Verlauf: Santa Cruz › Playa des Nogales › Los Tilos › La Fajana › Mirador La Tosca ›La Zarza › Mirador El Time › Puerto de Tazacorte › Los Llanos › Santa Cruz

Dauer: 1 Tag; Fahrstrecke: 160 km

Praktische Hinweise:

- Die ausgedehnte Fahrt ist an einem Tag gut zu schaffen, Los Llanos ist auch an einem Extratag zu besuchen. Genügend Zeit für Spaziergänge und Badestopps einplanen.

Tour-Start:

Die Fahrt gestaltet sich als ständiges Auf und Ab entlang der von Bergrücken und tief eingekerbten Schluchten gegliederten Küste und startet in ***Santa Cruz** › **S. 70**. Falls Sie auf der Westseite der Insel wohnen, fahren Sie zunächst durch den Tunnel in die Hauptstadt; von dort kommt man in Richtung Nordost auf gut ausgebauten Straßen zügig voran. An der Durchgangsstraße in Puntallana weist ein Schild zur **Playa de Nogales**, zu der ein steiler Treppenweg hinabführt. Der schwarze Bilderbuchstrand ist einen Besuch wert, sollte allerdings angesichts der gefährlichen Unterströmungen nur vom Ufer aus genossen werden.

Erst-! klassig

Vor der großen Brücke kurz vor Los Sauces bietet sich ein Abstecher zum Infozentrum des Biosphärenreservats **Los Tilos** an und vor dem Gemeindesitz Barlovento kann man zu den Meeresschwimmbecken **Piscinas de la Fajana** (ausgeschildert) hinunterfahren. Zurück auf der Hauptstraße, wird hinter Barlovento der **Mirador La Tosca** mit grandiosem Ausblick über die Nordküste erreicht. Hier lohnt ein Spaziergang zu einem Drachenbaumhain, der ein Stück hangabwärts liegt.

Nächster Halt sind die Felsritzungen von **La Zarza** › **S. 30**. An der »Dornbuschquelle« hinterließen die Ureinwohner der Insel von spiralförmigen Petroglyphen übersäte Felswände, die vom Besucherzentrum an der Straße in zehn Gehminuten zu erreichen sind. Vorbei an Puntagorda, berühmt für die Mandelbaumblüte im Februar, geht es nun südwärts zum **Mirador El Time** (594 m), der ein fantastisches Panorama auf das Aridanetal und die Cumbre Vieja bietet. Zu Füßen liegt **Puerto de Tazacorte** › **S. 76**, wo man nicht nur einen feinen Badestrand vorfindet, sondern auch zahlreiche gute Fischlokale. Den Kaffee nach dem Essen kann man in einem der Terrassencafés auf der Plaza de España in **Los Llanos** › **S. 75** trinken.

Erst-! klassig

Tour 8 Durch den vulkanischen Süden

Tour-Übersicht:

Verlauf: **Santa Cruz › Cueva de Belmaco › Faro de Fuencaliente › Playa de Zamora › Las Manchas › Cumbrecita › Santa Cruz**

Dauer: 1 Tag; Fahrstrecke: 125 km

Praktische Hinweise:

- In der Hauptsaison ist der Parkplatz auf der Cumbrecita stets voll belegt, zwischen 8.30 und 16 Uhr muss daher ein kostenloses Parkticket gelöst werden, online: www.reservasparquesnacionales.es.

Tour-Start:

Die Tagestour startet in ***Santa Cruz** › **S. 70**. Es wird auf der LP-2 zunächst die **Cueva de Belmaco** › **S. 72** erreicht, wo man gegenüber dem Besucherzentrum einen Blick in die einst von einem Guanchenhäuptling bewohnte Höhle werfen kann. An der Südspitze der Insel biegen Sie dann am Ortseingang von Los

Touren auf La Palma

Tour 7 Die Nordtour

Santa Cruz › Playa des Nogales › Los Tilos › La Fajana › Mirador La Tosca › La Zarza › Mirador El Time › Puerto de Tazacorte › Los Llanos › Santa Cruz

Tour 8 Durch den vulkanischen Süden

Santa Cruz › Cueva de Belmaco › Faro de Fuencaliente › Playa de Zamora › Las Manchas › Cumbrecita › Santa Cruz

Tour 9 Auf den Roque de los Muchachos

Santa Cruz › Mirca › Fuente de Olen › Mirador de los Andenes › Observatorio Astrofísico › Roque de los Muchachos

Canarios links in eine schmale Straße ab, die über Las Caletas zum **Faro de Fuencaliente** hinabführt. Nach Besichtigung des Leuchtturms und der Salinen nebenan geht es auf dem Sträßchen nahe der Küste weiter durch Bananenplantagen bis zur **Playa de Zamora** › S. 72. In diese wildromantische Badebucht führt ein steiler Treppenweg hinunter.

Über den Weiler Las Indias wird in Los Canarios wieder die LP-2 erreicht, auf der es nordwärts geht. An der Kreuzung in San Nicolás hält man sich – nach einem Abstecher zur Plaza Glorieta in **Las Manchas** › S. 74 – Richtung El Paso zum Besucherzentrum des Nationalparks. Von dort führt eine Stichstraße zum Aussichtspunkt **Cumbrecita** hinauf, von dem sich die ****Caldera de Taburiente** › S. 74 in ihrer ganzen Größe zeigt. Durch den Tunnel geht es auf die Ostseite zurück.

Tour 9 Auf den Roque de los Muchachos

Tour-Übersicht:

Verlauf: Santa Cruz › Mirca › Fuente de Olen › Mirador de los Andenes › Observatorio Astrofísico › Roque de los Muchachos

Dauer: 1 Tag; Fahrstrecke: 42 km

Praktische Hinweise:

- Der höchste Gipfel auf La Palma ragt meist aus den Passatwolken heraus, die Tour lohnt daher auch, wenn es an der Küste bewölkt ist.

Tour-Start:

Ein absolutes Muss für alle Inselbesucher ist die Halbtagestour zum ***Roque de los Muchachos** › S. 74. Von einigen wenigen Wintertagen abgesehen, an denen die Bergstraße durch Schneefall oder Erdrutsch kurzzeitig unpassierbar sein kann, ist die von Santa Cruz aus relativ gut ausgebaute Panoramastraße zum höchsten Punkt der Insel problemlos befahrbar.

Von **Mirca,** nördlich von Santa Cruz gelegen, schlängelt sich die Straße 40 km die Ostabdachung des Gebirgsmassivs hinauf. Nach vielen Kurven und einer eventuellen Rast am Picknickplatz **Fuente de Olen** macht der Waldgürtel schließlich einer alpinen Gebirgslandschaft mit einer anspruchslosen Ginstervegetation Platz, die die Region im Frühsommer mit einem leuchtenden, gelben Blütenteppich überzieht. Einen ersten beeindruckenden Panoramablick in die ****Caldera de Taburiente** › S. 74 erlaubt der **Mirador de los Andenes.**

Über allem glitzern die futuristischen Kuppeln des **Observatorio Astrofísico** im gleißenden Sonnenlicht. Die Sterngucker des renommierten Observatoriums verfügen mit dem William-Herrschel-Teleskop über eines der modernsten astronomischen Geräte (Gruppenführungen nach vorheriger Anmeldung, Infos unter www.iac.es). Die Aussichtsplattform am Gipfel des Roque de los Muchachos (2426 m) offenbart ebenfalls einen einzigartigen Blick in den 1600 m tiefer gelegenen Kraterkessel. **Erst-! klassig**

› Karte S. 68

Unterwegs auf La Palma

*Santa Cruz de La Palma 1

Als eines der schönsten Beispiele spanischer Kolonialarchitektur im kanarischen Archipel gilt Santa Cruz de La Palma (17 000 Einw.). Die farbenfrohen Häuser der 1493 gegründeten Hafenstadt schmiegen sich an den Hang einer geschützten Bucht an der Ostküste. Vom prosperierenden Überseehandel im 16. und 17. Jh. profitierten etliche Kaufleute, die schmucke Bauten hinterließen.

Häuserzeile in Santa Cruz de La Palma

Als Ausgangspunkt des Rundgangs empfiehlt sich die **Plaza de la Constitución.** Beiderseits der autofreien Geschäftsstraße O'Daly reihen sich stattliche Bürgerhäuser aneinander, wie der prächtige **Palacio Salazar** (17. Jh.) mit seinem beeindruckenden Innenhof. Nur wenige Schritte weiter öffnet sich die von einem Ensemble alter Bauten umstandene ***Plaza España.**

Die Erlöserkirche **Iglesia del Salvador** betritt man über eine Freitreppe durch eine Kassettentür, die von einem Renaissanceportal eingefasst wird. Im Inneren lohnt ein Blick nach oben auf die im portugiesischen Stil farbig bemalte Artesonadodecke.

Im ehemaligen **Convento de San Francisco** am nördlichen Rand der Altstadt ist das **Museo Insular** untergebracht. Neben einer Sammlung von Mineralien und Tierpräparaten wird altes Handwerk von der Insel vorgestellt (Plaza de San Francisco, Juli–Sept. Mo–Sa 10–19.30, sonst Mo–Sa 10–20, So 10–14 Uhr).

Zurück geht es meerwärts über die Avenida Marítima. Schmuckstück der Flaniermeile sind die *Balcones tipicos, eine pittoreske Häuserzeile mit Holzbalkonen, die in üppiger Geranienpracht stehen. Erst-! klassig

Mit Kindern bietet sich ein Ausflug in den **Maroparque** oberhalb der Stadt an. Der an einen Hang geschmiegte kleine Zoo beherbergt gut 300 exotische Tierarten (Mo–Fr 11–17, Sa, So bis 18 Uhr).

Infos

Oficina Insular de Turismo

- Casa de Cristal
- Blas Perez Gonzales, s/n
- Tel. 922 41 21 06
- www.lapalmaturismo.com

Verkehr

- **Schiffsverbindungen:** Tgl. Verbindungen von und nach Teneriffa und La Gomera
- **Busverbindungen:** Los Llanos (stdl.); Los Canarios und Barlovento (3- bis 4 × tgl.); So eingeschränkte Frequenz.

Hotels

Aparthotel Castillete ●●

Einfaches Apartmenthaus an der tagsüber viel befahrenen Uferstraße.

- Avenida Marítima 75
- Tel. 922 42 08 40
- www.hotelcastillete.com

La Fuente ●

Kleines, gemütliches Apartmenthaus mitten in der Altstadt; deutsche Leitung.

- Peréz de Brito, 49 | Tel. 922 41 56 36
- www.la-fuente.com

Restaurants

La Placeta ●●

Im 1. Stock eines Bürgerhauses, ausgezeichnete internationale Küche mit kanarischem Touch; beliebtes gleichnamiges Bistro im Parterre. So Ruhetag.

- Placeta de Borrero, 1
- Tel. 922 41 52 73
- www.laplaceta.es

La Lonja ●●

Das Altstadtlokal mit schönem Innenhof.

- Avenida Marítima, 55
- Tel. 922 41 52 66

Los Cancajos 2

Südlich der Hauptstadt, auf halbem Weg zum Airport, liegt mit Los Cancajos das größte Badezentrum an der Ostküste. Dem Touristenort aus der Retorte fehlt ein wenig das Flair, doch Familien wissen – neben der verkehrsgünstigen Lage – insbesondere den Strand direkt vor der Haustür zu schätzen. Wellenbrecher schützen die schwarzsandigen Badebuchten der **Playa de los Cancajos** und erlauben auch Kindern und Senioren gefahrlosen Badespaß.

Hotels

Hacienda San Jorge ●●●

Ein Dorf für sich: die schönste Apartmentanlage am Ort, ganz im kanarischen Stil und in Pastellfarben gehalten, mit üppig begrünter Poollandschaft.

- Playa de Los Cancajos, 22 | Breña Baja
- Tel. 922 18 10 66
- www.hsanjorge.com

Parador de La Palma ●●●

Die Nobelherberge, ein Stück inselеinwärts gelegen, ist dem spanischen Kolonialstil nachempfunden, im Patio plätschert ein Brunnen. 78 stilvoll eingerichtete Zimmer.

- Carretera El Zumacal, s/n | Breña Baja
- Tel. 922 43 58 28
- www.parador.es

Lago Azul ●●

75 Apartments mit Meerblick in ruhiger Lage, 800 m vom Strand.

- Urbanización San Antonio del Mar, s/n
- Breña Baja
- Tel. 922 43 43 05
- www.apartamentoslagoazul.com

Restaurants

La Fontana ●●
Das riesig dimensionierte Restaurant wird auch von Einheimischen sehr gern aufgesucht, italienische Küche.
▮ Tel. 922 43 47 29

El Pulpo ●
Einfache Strandhütte, die fangfrischen Fisch auftischt. Mi Ruhetag.
▮ Tel. 922 43 49 14

Mazo 3

Der Gemeindesitz an der Ostflanke der Cumbre Vieja liegt inmitten des größten Weinbaugebiets der Insel. Mazo hat mit der **Iglesia San Blas** eine der ältesten und schönsten Landkirchen der Insel vorzuweisen, die als besonderes Kleinod einen aus dem Kernholz der Kanarischen Kiefer geschnitzten Flügelaltar aus dem Jahr 1512 birgt. In der **Casa Roja** sind im Obergeschoss kunstvolle Stickereien ausgestellt (Mo–Fr 10–14, Sa 11–18 Uhr).

Shopping

- Samstags (11–19 Uhr) und sonntags (9–13 Uhr) lockt der ***Bauernmarkt** zahlreiche Besucher an.
- Im Ortsteil Hoyo de Mazo wird in der Werkstatt El Molino Töpferware nach alten Vorlagen produziert. Erst-klassig

Ausflug zur Cueva de Belmaco 4

Am Ortseingang von Malpaíses, nur wenige Kilometer südlich von Mazo, befindet sich der **Parque Arqueológico de Belmaco.** Hier residierte in vorspanischer Zeit ein Guanchenherrscher, auf dessen Spuren man sich begeben kann. Eine Stätte mit spiralförmigen Felsritzungen und zehn Höhlenwohnungen sind im Rahmen eines Spaziergangs zu besichtigen (Tel. 922 44 00 90, Mo bis Sa 10–18, So bis 14 Uhr).

Los Canarios 5

An den steil zur Südspitze der Insel abfallenden Weinbergen von Los Canarios (früher Fuencaliente) wird seit Jahrhunderten der süße Malvasier kultiviert. Das Wahrzeichen der hoch über dem Meer gelegenen Gemeinde ist der ***Volcán San Antonio** (657 m), dessen ebenmäßiger Krater sich wie eine überdimensionale Suppenschüssel aus der schroffen Szenerie erhebt. Ein kleines Besucherzentrum erzählt von der Tätigkeit der Inselvulkane (tgl. 9–20, im Winter bis 18 Uhr).

Der ***Volcán Teneguía** (439 m)am Fuß des San Antonio, war 1971 drei Wochen lang Schauplatz des jüngsten Vulkanausbruchs auf La Palma. Unter dem schwefelig-gelben Auswurfmaterial herrschen selbst heute noch Oberflächentemperaturen bis 200 °C. Der Vulkan ist von **Los Quemados** über eine gut befahrbare Schotterpiste erreichbar.

An der schwarzen Lavaküste unterhalb von Los Canarios verführen die idyllischen Buchten Playa Chica und Playa de Zamora zu einem Badestopp (Zufahrt über Las Indias). Erst-klassig

Im **Leuchtturm** an der Südspitze informiert ein kleines Besucherzentrum über das vor der Küste gelegene Meeresreservat. Daneben wird in

Traumstrand in Puerto Naos

den Salinen auch heute noch Salz gewonnen.

Hotel

La Palma Princess & Spa ●●–●●●
Alleinlage auf einem schmalen Küstenplateau 8 km unterhalb von Los Canarios. Sehr schöne Poollandschaft; nur mit Halb- oder Vollpension buchbar.

- Cerca Vieja, 10
- Tel. 922 42 55 09
- www.princess-hotels.com

Restaurant

Kiosco La Zamora ●●
Urige Fischhütte auf der Klippe über der kleinen Bucht der Playa Chica.

- Playa Chica
- Tel. 676 86 72 64

Puerto Naos 6

Der Badeort lockt mit dem längsten und schönsten, von Palmen gesäumten Inselstrand. Die etwas klotzig geratenen Apartmentkästen können zwar architektonisch nicht überzeugen, dafür entschädigt die gelungene Strandpromenade. Ein beliebter Treff von FKK-Fans ist die 2 km südlich von Puerto Naos etwas versteckt gelegene **Playa de las Monjas.**

Hotels

Sol La Palma ●●–●●●
Das komfortable Großhotel in Alleinlage am südlichen Ende des schwarzsandigen Strandes von Puerto Naos bietet ein gutes Preis-Leistungs-Verhältnis. Mit zugehöriger Apartmentanlage.

- Punta del Pozo
- Tel. 922 40 80 00
- www.solmelia.com

Horizonte ●●
Kleine Ferienwohnanlage mit neun Apartments auf einer aussichtsreichen Klippe über dem Strand.

- Calle Mauricio Duque Camacho, 46
- Tel. 922 40 81 47
- www.tamanca.com

› Karte S. 68

Restaurants

La Scala ●
Erstklassige Pizza und Pasta.
- Calle Maximiliano Darias Montesinos
- Tel. 922 40 84 39

La Nao ●
Tapas, kleine Gerichte und Eiscreme auf einer Terrasse direkt an der Strandpromenade. Mo Ruhetag
- Avenida Marítima, 33
- Tel. 922 40 80 72

Ausflug nach Las Manchas 7

Erst-klassig

Der Weiler von Las Manchas blieb 1949 bei einem gewaltigen Vulkanausbruch des San Juan wie durch ein Wunder verschont. Schmuckstück des Ortes ist die wunderschön mit Bodenmosaiken und einheimischer Flora gestaltete ***Plaza La Glorieta,** ein Werk des einheimischen Künstlers und Musikers Luis Morera. Nebenan kann man sich im **Museo del Vino** über Weinanbau informieren (Camino El Callejón, 98, Mo–Fr 9.30–13.30, 16–18.30, Sa 9.30–14 Uhr).

El Paso 8

Im einstigen Zentrum der Seidenraupenzucht und Weberei lassen sich heute deutsche Einwanderer und Überwinterer gerne nieder. An das alte Handwerk erinnert das sehenswerte Seidenmuseum ***Las Hilanderas** (Manuel Taño, 6, Mo–Fr 10–13, Di, Do auch 17–19 Uhr). In der dörflichen **Ermita de Bonanza** überrascht eine mehrfarbig gefasste Kassettendecke im Mudéjarstil.

Hotels

La Luna Baila ●–●●
Bungalows und ein Studio in einem Blumen- und Kakteengarten; ruhige Lage 2 km außerhalb von El Paso.
- Calle Echedey, 24
- Tel. 922 48 59 97
- www.lapalma-sonne.de

La Tienda ●
Kleine, deutsch geführte Familienpension. Guter Standort für Exkursionen in den Nationalpark.
- Cruz Grande, 1
- Tel. 922 49 71 28
- www.lapalma-pension.de

Restaurant

Bodegón Tamanca ●●
Uriges Höhlenlokal an der Straße nach Los Canarios. Mo Ruhetag.
- San Nicolás
- Tel. 922 49 41 55

**Caldera de Taburiente 9

Der Nationalpark Caldera de Taburiente gilt als eines der größten Naturwunder der Kanaren. Ein Kranz schroff abfallender Felswände bildet einen Kraterkessel von »entsetzlicher Tiefe« – wie es der deutsche Geologe Leopold von Buch (1774 bis 1853) seinerzeit ausdrückte.

Von der Aussichtsplattform auf dem ***Roque de los Muchachos,** La Palmas höchstem Gipfel, bis hinunter zur in der Tiefe sichtbaren, bewaldeten Campingzone Playa de Taburiente sind es immerhin gute 1600 Höhenmeter. Der Kessel selbst ist nur per Pedes erreichbar; bester Ausgangspunkt ist der von Jeeptaxis angefahrene Aussichtspunkt **Los Brecitos,** von dem markierte Wanderpfade hinab in die Tiefe führen.

Ein Abstecher zur ***Cumbrecita** (1309 m) hinauf lohnt sich. Vom Parkplatz bietet sich ein Spaziergang zum **Mirador de las Chozas** an, der eine beeindruckende Aussicht auf den Kraterkessel ermöglicht.

Infos

Centro de Visitantes

Im Besucherzentrum des Nationalparks wird u.a. eine kostenlose Campinggenehmigung für mehrtägige Aufenthalte in der Caldera ausgestellt.

- Carretera General El Paso
- Tel. 922 49 72 77
- Tgl. 9–18.30 Uhr

4 Ausflug auf der Ruta de los Volcanes

Der Picknickplatz **Refugio El Pilar** ist Ausgangspunkt für eine populäre, etwa 12 km lange Wanderung. Der Panoramaweg läuft über den mit bizarren Kratern besetzten Grat der Vulkankette **Cumbre Vieja** zum fast 2000 m hohen Aussichtsgipfel Deseada II. Mit guter Kondition kann man in rund 6 Std. bis nach Los Canarios wandern.

Los Llanos de Aridane 10

Das Zentrum des weitläufigen Hangtales Valle de Aridane auf der Westseite der Insel ist Los Llanos (21 000 Einw.) – vielfach als heimliche Hauptstadt der Insel bezeichnet. Los Llanos profitiert von dem fruchtbaren Boden und sonnigen Klima im Tal.

Cafés an der hübschen Plaza España in der Altstadt von Los Llanos de Aridane

Altstadtflair lässt sich an der **Plaza España** schnuppern. Der von Indischen Lorbeerbäumen beschattete Platz ist mit seinen Cafés der soziale Mittelpunkt des Städtchens. Wer es beschaulicher mag, zieht sich hinter die Pfarrkirche **Nuestra Señora de los Remedios** auf die **Plaza Chica** zurück, die mit ihren Steinbänken und dem unter mächtigen Palmen plätschernden Brunnen der wohl idyllischste Winkel der Stadt ist.

Der Geschichte, Religion und Kultur der Inselbewohner in vorspanischer Zeit widmet sich das interessante **Museo Arqueológico Benahoarita** (Camino de Las Adelfas, Di–Sa 10–14, 17–19 Uhr).

› Karte S. 68

Im Ortsteil Argual wird auf der Plaza de Sotomayor sonntags ein Flohmarkt abgehalten. Parallel dazu gibt im **Atelier Artefuego** der Glasbläser Dominic Kessler eine Kostprobe seiner Kunst.

Erst-klassig

Infos

Oficina de Turismo
- Avenida Dr. Fleming, s/n
- Tel. 922 40 25 83

Verkehr

Busverbindungen: Santa Cruz, Tazacorte, Puerto Naos (stdl.), Los Canarios und Las Tricias (mehrmals tgl.).

Hotels

Son Vida ●●
Fünf hübsche Bungalows mit Blick auf Orangenplantagen in sehr ruhiger Lage, 6 km Richtung Puerto Naos; mit Tennisplatz und Pool.
- Todoque
- Tel. 922 46 38 36
- www.bungalowssonvida.com

Holidays ●
Die deutschsprachige Vermieterin hat zwischen Los Llanos und Puerto Naos rund 30 Bungalows und Apartments im Angebot. Auch Autovermietung.
- La Laguna, 333
- Tel. 922 46 24 06
- www.holidays-lapalma.de

Restaurant

El Hidalgo ●●
Gemütliches Lokal, internationale Küche. Di und Mi Ruhetag.
- La Salud, 21
- Tel. 922 46 31 24
- www.lapalma-hidalgo.com

Tazacorte 11

Hier auf der Westseite der Insel wurde ursprünglich Zuckerrohr kultiviert, inzwischen ist die Region das größte Bananenanbaugebiet der Insel. Die schmucke Häuserzeile entlang der Avenida de la Constitución verleiht Tazacorte ein kleinstädtisches Flair. Unterhalb davon veranschaulicht das **Museo del Plátano,** wie die Banane ihren Weg nach La Palma gefunden hat (Calle Miguel Unamuno, Mo–Fr 10–13, 16–19 Uhr). Angeschlossen ist das **Museo del Mojo y del Licor de Café** über die beiden typisch kanarischen Spezialitäten.

Ein enges Sträßchen führt 2 km hinunter zum **Puerto de Tazacorte.** Die neu gestaltete Promenade, die an einem durch eine Mole geschützten, viel besuchten feinen Sandstrand am Fuß eines Steilkaps liegt, wird von Fischlokalen gesäumt.

Hotel

Hacienda de Abajo ●●●
Neues nostalgisches Nobelhotel, nur für Erwachsene.
- Calle Miguel de Unamuno, 11
- Tel. 922 40 60 00
- www.hotelhaciendadeabajo.com

Restaurant

Kiosco Montecarlo ●–●●
Der frische Fisch hat es vom Fischerhafen nicht weit. Mit Terrasse an der Strandpromenade – Sonnenuntergang inklusive. Wenn es voll ist, weicht man in den **Kiosco Teneguía** nebenan aus.
- Puerto de Tazacorte
- Tel. 922 48 05 33

Mandelbäume verwandeln die Gegend um Puntagorda im Februar in ein Blütenmeer

Ausflug zur **Cueva Bonita**

Vom Hafen in Tazacorte kann mit einem Ausflugsschiff die **Cueva Bonita** angefahren werden (Infos direkt an der Hafenmole). Die Meereshöhle liegt etwa fünf Seemeilen weiter nördlich. Der Törn lohnt besonders am späten Nachmittag, wenn die Sonne tief genug steht, um die Grotte eindrucksvoll auszuleuchten. Erst-! klassig Gelegentlich begleiten Delfine die Schiffe.

Puntagorda 12

Die weitläufige Streusiedlung im Nordwesten ist von fruchtbarem Kulturland umgeben. Besonders reizvoll ist die Region im Februar zur Zeit der Mandelblüte, die ausgiebig mit einer großen Fiesta gefeiert wird › **S. 38.** Das Wahrzeichen von Puntagorda ist ein betagter Drachenbaum am südlichen Ortseingang.

Vom nicht weit entfernten **Las Tricias** führt eine zweistündige Wanderung durch reizvolles Bauernland zu den ehemaligen Guanchenhöhlen von Buracas. Erst-! klassig In Las Tricias hält der urige Landgasthof Kiosco Briesta typisch kanarische Küche bereit.

Hotel

Mar y Monte ●

Nette kleine Nichtraucherpension mit fünf hübsch möblierten Zimmern und zwei Etagenbädern. Erst-! klassig

- Calle Pino de la Virgen, 7
- Tel. 922 49 30 67
- www.la-palma-marymonte.de

Shopping

Jedes Wochenende wird ein kleiner **Bauernmarkt** *(mercadillo)* abgehalten (Sa 16–19, So 11–15 Uhr).

› Karte S. 68

Barlovento 13

Die nordöstlichste Siedlung der Insel liegt auf 550 m Höhe und ist dem Passat ungeschützt ausgesetzt. Im Winter trägt die Hochebene ein sattgrünes Wiesenkleid und macht der Isla Verde alle Ehre, und auch im Sommer entpuppt sich der Landstrich als wahres Idyll. Am dritten Augustsonntag wird in Barlovento die Fiesta de Nuestra Señora del Rosario gefeiert.

Hotel

La Palma Romántica ●●–●●●
Berghotel im traditionellen Inselstil mit Pool, Sauna und Tennisplatz;gutes Restaurant.

- Las Llanadas | Tel. 922 18 62 21
- www.hotellapalmaromantica.com

San Andrés 14

Der von Bananenplantagen gerahmte Ort an der Ostküste gilt als eines der hübschesten Inseldörfer. An dem von Palmen beschatteten **Kirchplatz** lässt sich in einem Terrassenlokal die entspannte Atmosphäre genießen. Einen Meerzugang gibt es in San Andrés nicht, dafür 2 km nordwärts das Meeresschwimmbecken **Charco Azul.**

Ein Stück weiter südlich von San Andrés erreicht man ***Los Tilos,** das ein beliebter Ausgangspunkt für Wanderungen durch die Lorbeerwälder des Biosphärenreservats ist. Nahe des Besucherzentrums beginnt ein ausgeschilderter Naturlehrpfad *(sendero autoguiado).*

Erst-! klassig

Restaurant

San Andrés ●●
Wunderbares Terrassenlokal an der palmenbestandenen Plaza. Schmackhaft zubereitete Küche.

- Plaza de San Andrés
- Tel. 922 45 17 25
- http://restaurantesanandres.com

Am Hafen von San Sebastián, der kleinen Hauptstadt von La Gomera

SEITENBLICK

Die Wallfahrt zur heiligen Jungfrau vom Schnee

Mit viel Lokalkolorit behaftet ist die Bajada de la Virgen de las Nieves, eines der größten Feste des Archipels. Ihren Ursprung hat sie im Jahr 1676, als eine anhaltende Dürre die Getreideernte zu vernichten drohte. Auf Geheiß des kanarischen Bischofs Jiménez wurde eine Bittprozession um Regen abgehalten, in der die Marienfigur Virgen de las Nieves von der gleichnamigen Wallfahrtskirche hinunter in die Hauptstadt getragen wurde. Der Himmel hatte ein Einsehen und öffnete schließlich seine Schleusen – die Ernte war gerettet. Seither wird die Prozession alle fünf Jahre im Sommer wiederholt.

Auch wenn gerade keine Bajada abgehalten wird, lohnt sich der Besuch der prächtigen Wallfahrtskirche Las Nieves. Die in einen silbernen Strahlenkranz gehüllte Terrakottafigur der »Jungfrau vom Schnee« thront über einem Hochaltar aus massivem Silber.

La Gomera

Das Beste!

- Im Nationalpark durch den Nebelwald wandeln › S. 81
- Einen Bootstrip zu den Orgelpfeifen von Los Órganos unternehmen › S. 81
- Im alten Zollhaus einen Blick in den Kolumbusbrunnen werfen › S. 82
- Vom Bilderbuchdorf Agulo zum Pico del Teide hinüberschauen › S. 86
- Einer Vorführung der Pfeifsprache El Silbo lauschen › S. 86

Das einstige Aussteigerdomizil wird mehr und mehr von Wanderern und Bikern entdeckt. Als grüne Lunge fungiert der Nationalpark Garajonay.

Jahrelang als Aussteigerinsel und Szenetreff etikettiert, entwickelt sich die bis dato weitgehend ursprünglich gebliebene Insel zunehmend zum ganz normalen Ferienziel. Besonders angezogen fühlen sich Naturfreunde, vor allem Wanderer und Biker. Die wild zerklüftete, von zahllosen Cañons durchzogene Insel garantiert Natur pur; das Hochland ist als Nationalpark und Weltnaturerbe geschützt.

Der Tourismus konzentriert sich an der Südwestküste im Palmental von Valle Gran Rey, viele kleine Apartmenthäuser sind auf Individualreisende eingestellt. Etwas kleiner ist der Ferienort Playa de Santiago an der Südküste. In den Tälern von Hermigua und Vallehermoso konnte sich ein bescheidener Landtourismus entwickeln. Etliche alte Bauernkaten und Fincas versprechen ruhige Ferien.

Touren auf La Gomera

Tour 10 **In den Nationalpark**

Valle Gran Rey › El Cercado › Chipude › Mirador de Igualero › Mirador de los Roques › Garajonay

Tour 11 **Bootsfahrt nach Los Órganos**

Valle Gran Rey › Los Órganos

Touren in der Region

Tour 10 In den Nationalpark

Tour-Übersicht:

Verlauf: **Valle Gran Rey › El Cercado › Chipude › Mirador de Igualero › Mirador de los Roques › Garajonay**

Dauer: 1 Tag; Fahrstrecke: 32 km

Praktische Hinweise:

- Da das Hochland mehr als die Hälfte des Jahres von feuchten Passatwolken eingehüllt ist, denen der immergrüne Lorbeerwald seine Existenz verdankt, empfehlen sich für den Ausflug in die grüne Lunge der Insel Regenschutz und ein warmer Pullover.

Tour-Start:

Von Valle Gran Rey fährt man zunächst bis Arure hinauf und biegt dort nach Las Hayas ab. In **El Cercado** lohnt sich ein Besuch in einem der Töpferstudios, in denen nach Guanchenart einfache Gebrauchskeramik hergestellt wird. Der Nachbarort **Chipude** wird von der imposanten Fortaleza de Chipude (1241 m) überragt – der markante Tafelberg, der während der spanischen Eroberung das letzte Rückzugsgebiet der Ureinwohner war, hebt sich wie eine Festung aus dem Umland empor. Einen prächtigen Ausblick auf den Berg und die Südküste hat man vom im Nationalparkgebiet gelegenen **Mirador de Igualero**.

Am Straßenkreuz Pajarito der Höhenstraße ein kurzes Stück in Richtung San Sebastián folgend, erreicht man den **Mirador de los Roques**, von dem sich das schönste Panorama auf die frei gewitterten Vulkanschlote am Südrand des Nationalparks eröffnet. Der markanteste Fels ist das Inselwahrzeichen ***Roque Agando** (1250 m). Zurück am Kreuz Pajarito wird rechts haltend der Parkplatz Alto de Contadero (1350 m) erreicht. Von dort kann man auf einem ausgeschilderten Wanderweg in einer knappen halben Stunde Gomeras höchsten Gipfel, den ***Garajonay** (1487 m) › S. 87, besteigen.

Wer möchte, kehrt zum Abschluss der Exkursion in den im Nationalpark gelegenen Landgasthof Laguna Grande › S. 87 ein.

Tour 11 Bootsfahrt: Nach Los Órganos

Tour-Übersicht:

Verlauf: **Valle Gran Rey › Los Órganos**

Dauer: 1 Tag

Praktische Hinweise:

- Sofern man zu Seekrankheit neigt, sollte die Bootsfahrt möglichst bei geringem Wellengang unternommen werden.

Tour-Start:

Vom Hafen Vueltas in **Valle Gran Rey** › S. 84 werden mehrmals in der Woche Bootstrips nach ***Los Órganos** organisiert. Die imposanten, wie Orgelpfeifen angeordneten Basaltpfeiler ragen an der Nordküste als Steilwand bis zu 80 m senkrecht aus dem Meer. Das Naturwunder entstand durch aus dem Erdinneren hochgeschobene erkaltete Magma. Das Besondere: Die Orgelpfeifen sind nur vom Wasser aus einsehbar. Der Bootsausflug an die Nordküste dauert einschließlich eines kleinen Snacks an Bord ca. 3 Stunden. Unterwegs bietet sich vielfach die Gelegenheit, Delfine zu beobachten.

Unterwegs auf La Gomera

San Sebastián 1

Der Hafen von San Sebastián ist das Nadelöhr für die meisten Besucher von La Gomera. Die Überfahrt mit der Fähre dauert lediglich 40 Minuten, weshalb sich von Teneriffa aus bereits ein Tagesausflug lohnt.

Ein Stadtbummel durch die kleine Hauptstadt (9000 Einw.) ist keine große Affäre: Sämtliche Sehenswürdigkeiten konzentrieren sich in den beiden parallel verlaufenden Hauptstraßen. Am Anfang der Fußgängerstraße Calle Real stößt man auf das historische **Zollhaus,** ein kleines, recht unscheinbares Gebäude aus dem 17. Jh., in dem inzwischen das Büro der Touristeninformation untergebracht ist.

Das wuchtige Bollwerk **Torre del Conde** nahe der Plaza de las Américas gilt als ältestes Bauwerk der Stadt. 1447 errichtet, diente es den Spaniern als Zuflucht vor den noch nicht gänzlich befriedeten Ureinwohnern.

Neben der Pfarrkirche **Nuestra Señora de la Asunción** erzählt das **Museo Arqueológico** von der bewegten Inselgeschichte (Calle Torres Padilla, 8, Di–Fr 10–18, Sa, So 10 bis 14 Uhr, Eintritt frei).

SEITENBLICK

Spuren von Kolumbus

Aus dem **Pozo de Colón** im Innenhof des Zollhauses hat angeblich schon Christoph Kolumbus bei seinem Zwischenstopp auf La Gomera seine Wasservorräte aufgefüllt. In der bis auf das Jahr 1490 zurückgehenden Pfarrkirche **Nuestra Señora de la Asunción** soll der Seefahrer gebetet und in der Calle Real Nr. 56 genächtigt haben.

Infos

Oficina Insular de Turismo

- Real, 4
- Tel. 922 14 15 12
- www.lagomera.travel

Verkehr

- **Schiffsverbindungen:** Los Cristianos/Teneriffa (bis zu 10-mal tgl.); La Palma (1-mal tgl.).

- **Busverbindungen:** Nach Valle Gran Rey, Playa de Santiago und Vallehermoso (jeweils 4-mal tgl.).

Hotel

Parador Conde de La Gomera ●●●
Tolle Lage über dem Hafen; mittelalterliches Ambiente und Teide-Blick.
- Tel. 922 87 11 00
- www.parador.es

Restaurants

El Charcón ●●
Das kleine Lokal liegt direkt an der Strandpromenade, von der Terrasse genießt man einen herrlichen Blick hinüber nach Teneriffa. Mo Ruhetag.
- Playa de la Cueva | Tel. 922 14 18 98

Tasca La Salamandra ●–●●
Heimeliges Lokal in einer autofreien Altstadtgasse. So Ruhetag.
- Calle República de Chile, 5
- Tel. 922 14 13 86

La Tasca ●
In der Weinstube werden auch kleine Gerichte serviert.
- Calle Ruiz de Padrón, 36
- Tel. 922 14 15 98

Playa de Santiago 2

An diesem aus mehreren kleinen Ortsteilen bestehenden Ferienort konnte sich ein bescheidener Badetourismus etablieren. Der oberhalb des Ortes gelegene Flugplatz stört kaum, es starten und landen nur sehr wenige kleinere Maschinen pro Tag. Seinen wirtschaftlichen Aufschwung verdankt Santiago dem norwegischen Reeder Fred Olsen, der nicht nur künstlich bewässerte Obstplantagen im Tal anlegen ließ, sondern mit dem Bau des größten Komforthotels der Insel und eines Golfplatzes auch dem Tourismus auf die Sprünge half.

Hotels

Jardín Tecina ●●●
Schönes Clubhotel in exponierter Lage auf einem Felskap; mit 18-Loch-Golfplatz und Tauchschule.
- Lomada de Tecina
- Tel. 922 14 58 50
- www.jardin-tecina.com

Tapahuga ●
Apartmentanlage der Mittelklasse in Hafennähe.
- Avenida Marítima | Tel. 922 89 51 59
- www.tapahuga.es

Die wehrhafte Torre del Conde stammt aus dem Mittelalter

› Karte S. 80

Restaurant

La Cuevita ●●
Höhlenlokal, gute Fischküche. So geschl.
▮ Avenida Marítima, 60
▮ Tel. 922 89 55 68

5 **Valle Gran Rey 3

Kunstvoll terrassierte Hänge und ausgedehnte Palmenhaine machen das Valle Gran Rey zu einer der faszinierendsten Kulturlandschaften des Archipels. Seit sich Ende der 1960er-Jahre die ersten Hippies und Aussteiger im Tal einmieteten, hat sich so manches verändert. Doch obwohl ständig neue moderne Pauschalunterkünfte in den verschiedenen Ortsteilen entstehen, wohnt der größte Teil der Gäste nach wie vor in einfachen, familiär geführten Pensionen und kleinen Apartmenthäusern. Eine Perle von Dorf ist **La Calera,** wo man in den verwinkelten und autofreien Gassen ungestört flanieren kann. Der Ortsteil **La Playa** mit seinem Lavastrand wandelt sich zunehmend zu einem Badeort. Im Hafen von Vueltas werden Walsafaris und Bootsausflüge angeboten.

Das Valle Gran Rey ist ein idealer Ausgangspunkt für Wanderungen; Veranstalter vor Ort bieten organisierte Touren an. Einen Besuch wert ist auch das im Talschluss von Valle Gran Rey gelegene Panoramalokal **Mirador César Manrique,** von dem aus man einen fulminanten Ausblick in das terrassierte Palmental genießen kann. **Erst-! klassig**

Infos

Oficina de Turismo
▮ Calle El Caidero | La Calera
▮ Tel. 922 80 54 17

Hotels

Gran Rey ●●–●●●
Das beste Haus im Tal ist keine architektonische Augenweide, dafür umweltgerecht geführt und mit tollem Dachpool.
▮ Avenida Marítima, 1 | La Puntilla
▮ Tel. 922 80 58 59
▮ www.hotelgranrey.es

Traditionelle Häuser im grünen Valle Gran Rey

Paraíso del Conde ●●
Großzügige, ruhige Apartments direkt am Meer; unter deutscher Leitung.
- Avenida Marítima, 20 | La Puntilla
- Tel. 922 80 59 21
- www.paraiso-del-conde.eu

Jardín Concha ●
Erst-klassig
Hübsches kleines Hotel in einer autofreien, malerischen Gasse mit toller Aussicht auf Bananenplantagen und Atlantik. Sehr kleine Zimmer.
- La Calera | Tel. 922 80 60 63
- www.hotelconcha.net

Restaurants

El Baifo ●●
Tolle malaysische Küche mit Bami Goreng und zarter Ente. Sehr populär, unbedingt reservieren (ab 19 Uhr).
- Edificio Normara | La Playa
- Tel. 922 80 57 75

Trasmallo ●
Erst-klassig
Beliebter Szenetreff mit Seafood-Gerichten; direkt am Hafen.
- Vueltas | Tel. 922 80 50 92

Nightlife

Cacatua
Szenebar für Nachtschwärmer, Di–So.
- Vueltas

Tambara
Das orientalisch angehauchte Café ist ein beliebter Treff bei Sonnenuntergang.
- Vueltas

*Vallehermoso 4

Das »schöne Tal« hält, was sein Name verspricht. Im Frühjahr verwandeln sich die Hänge in einen blühenden Obstgarten. An der **Playa de Vallehermoso** hat man die Wahl zwischen gefahrlosem Meeresschwimmbad und Kieselstrand mit meist starker Brandung. Hoch über dem Meer thront die alte Bananenverladestation **Castillo del Mar.** Von Vallehermoso aus können reizvolle Wanderungen unternommen werden. Sehr beliebt ist der Aufstieg zur aussichtsreich gelegenen **Ermita de Santa Clara** (1,5 Std.). Ausgangspunkt ist der Friedhof am westlichen Ortsrand.

Hotel

Hotel Rural Tamahuche ●●
10 gemütliche Zimmer in einem Bürgerhaus von 1896.
- La Hoya, 20
- Tel. 922 80 11 76
- www.hoteltamahuche.com

Restaurant

Amaya ●
Preiswerte kanarische Küche.
- Plaza de la Constitución
- Tel. 922 80 00 73

Ausflug zu den Chorros de Epina

Von Vallehermoso geht es in unzähligen Serpentinen zum Aussichtslokal **Epina** hinauf, das einen tollen Blick auf die einem Flickenteppich gleichenden Felder bietet.

Das Wasser der Quellen am nahen Picknickplatz **Chorros de Epina** soll – in der richtigen Reihenfolge getrunken – magische Kräfte haben und Glück in der Liebe bescheren sowie gegen Hexerei, Krankheiten und Eifersucht helfen.

› Karte S. 80

Ein Silbadero beherrscht die Pfeifsprache

*Agulo 5

Erst-! klassig

Der kleine Gemeindeort gilt als das malerischste Dorf der Insel. Umrahmt von einer terrassierten Gartenlandschaft, wirkt das geschlossene Ortsbild wie ein Relikt aus dem Mittelalter. Die **Pfarrkirche San Marcos** hebt sich von anderen Inselkirchen durch ihr maurisch inspiriertes Kuppeldach ab. Agulo ist für die tolle Aussicht auf den zum Greifen nahen Pico del Teide auf Teneriffa bekannt.

Restaurant

La Vieja Escuela ●

In der ehemaligen Dorfschule gibt es jetzt typische Regionalküche.

- Calle del Poeta Antonio T. Armas
- Tel. 922 14 60 04

Hermigua 6

Das landwirtschaftliche Zentrum von Gomera ist das lang gestreckte Straßendorf **Hermigua** im Inselnorden. In dem wasserreichen Tal werden vornehmlich Bananen kultiviert. Im **Museo Molino de Gofio** mit Souvenirgeschäft kann auf Anfrage eine restaurierte Gofiomühle bewundert werden. Das weiter unterhalb an der Durchgangsstraße gelegene **Museo Etnográfico** informiert über die Alltagskultur auf der Insel (Di–Fr 10–19, Sa, So 10–14 Uhr).

Im Sommerhalbjahr ist die über eine 6 km lange Piste erreichbare **Playa de la Caleta** ein guter Badeplatz an der sonst eher rauen Nordküste.

SEITENBLICK

Die Pfeifsprache El Silbo

»Hola Miguel! Hast du meine grauweiße Ziege gesehen?« Von der anderen Seite der Schlucht, tief unten im Tal, tönt die Antwort herauf: »Mach dir keine Sorgen, Juanito! Sie ist bei mir, ich habe sie schon gemolken.«

Zwei Silbaderos unterhalten sich – pfeifend, wohlgemerkt. El Silbo ist ein weltweit einzigartiges Kommunikationssystem, das seine Entstehung sehr wahrscheinlich der zerklüfteten Inseltopografie verdankt. Schon die Ureinwohner La Gomeras sollen sich pfeifend von Schlucht zu Schlucht verständigt haben, bei guten Windverhältnissen können so mehrere Kilometer überbrückt werden.

Mit dem Telefon bekam die Pfeifsprache ernsthafte Konkurrenz, sodass nur noch wenige Gomeros richtig zu pfeifen verstehen. So mancher Silbadero verdient mit einer Kostprobe seiner Finger- und Zungenfertigkeit vor Touristengruppen ein willkommenes Zubrot.

Hotels

Ibo Alfaro Hotel Rural ●●
Stilvolles Landhotel in aussichtsreicher Hanglage.
- Valle Alto | Tel. 922 88 01 68
- www.hotel-gomera.com/de

Villa de Hermigua ●●
Kleines Landhotel in der früheren Dorfschule; individuelle Zimmer.
- Carretera General de Hermigua, 117
- Tel. 922 88 07 77
- www.hotelrural-villahermigua.com

Los Telares ●
Erst-! klassig
Komplett eingerichtete, geräumige Apartments mit Küche und Bad.
- Carretera General de Hermigua, 10
- Tel. 922 88 07 81
- www.apartamentosgomera.com

Restaurant

Café-Bar Pedro ●
Beliebtes Café (ehemals Casa Creativa) mit aussichtsreicher Terrasse.
- Carretera Genelral del Norte, 56
- Tel. 922 88 09 91

**Nationalpark Garajonay 7

Das UNESCO-Weltnaturerbe im hügeligen Hochland wird vom namensgebenden höchsten Berg, dem Garajonay (1487 m), überragt. Die bereits 1978 unter Schutz gestellte Region ist von dichten Wäldern überzogen. Markenzeichen des Naturparks sind die Lorbeerbäume mit bemoosten Stämmen und bizarr von den Ästen flatternden Bartflechten, die nicht nur die hohe Luftfeuchtigkeit verraten, sondern gleichzeitig als Indikator für die saubere Hochlandluft der Insel gelten. An der südlichen Grenze des Parks machen seltsam geformte Felsen auf sich aufmerksam.

Das Besucherzentrum Juego de Bolas (s.u.), zu dem auch ein kleiner botanischer Garten gehört, bietet nach telefonischer Voranmeldung kostenlos geführte Wanderungen an. Von hier führt eine Piste zur **Laguna Grande** (1240 m) mit tollem Abenteuerspielplatz, Picknickstellen und Ausflugslokal.

Erst-! klassig

Infos

Centro de Visitantes Juego de Bolas
- La Palmita | Agulo
- Tel. 922 80 09 93
- Di–So 9.30–16.30 Uhr

SEITENBLICK

Klassische Wanderung

Der Parkplatz Alto de Contadero unterhalb des Garajonay dient als Ausgangspunkt für eine Wanderung durch den Nationalpark. Als Raststation wie geschaffen ist der Weiler **El Cedro**, der neben einer Gaststätte auch einfachste Unterkünfte bietet. Kurz hinter dem Dorf beginnt ein atemberaubender, langer Abstieg ins 600 Höhenmeter tiefer gelegene Tal von Hermigua. Für die mittelschwere bis anspruchsvolle Wanderung sind ohne Rückweg ca. 3,5 Stunden reine Gehzeit einzuplanen. Die sogenannte **El-Cedro-Tour** kann man in vielen Hotels und Läden im Valle Gran Rey buchen, inklusive Rücktransfer ab Hermigua.

El Hierro

Das Beste!

- Vom Mirador de la Peña die umwerfende Aussicht ins Golftal genießen › S. 92
- Einen Ausflug zu den knorrigen Wacholderbäumen in La Dehesa unternehmen › S. 91
- In Punta Grande eines der kleinsten Hotels der Welt bestaunen › S. 93
- Sich in den Meeresschwimmbecken an der Cala de Tacorón erfrischen › S. 94
- Zum Ende der Welt ans Kap Orchilla fahren › S. 91

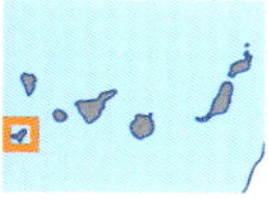

Die kleinste der Kanareninseln in der südwestlichen Ecke des Archipels ist touristisch bislang kaum erschlossen. Der Passat zieht ihr ein feuchtes, grünes Gewand an.

Bislang weiß gerade eine Handvoll Individualisten die Randlage der Insel zu schätzen, daher tröpfelt nur ein eher verhaltener Strom von Fremden in die westlichste Ecke des Archipels. Eine nennenswerte touristische Infrastruktur gibt es lediglich im Golftal und an der von der Sonne verwöhnten Südspitze in La Restinga. Neben einigen Apartmenthäusern existiert auf El Hierro nur ein einziges 4-Sterne-Hotel. Eins sein mit sich und der Natur – diese von Touristikern gern bemühte Floskel darf man auf El Hierro, das im Jahr 2000 zum Biosphärenreservat erklärt wurde, wörtlich nehmen. Hier fühlt man sich ganz dem sanften Tourismus verpflichtet. Ehrgeizig ist das Ziel, bereits in einigen Jahren den kompletten Energiebedarf aus Wind- und Wasserkraftwerken decken zu wollen.

Vor allem bei Tauchern eine feste Größe ist La Restinga, der vorgelagerte Küstenstrich mit etlichen herausragenden Tauchplätzen, der als Meeresreservat geschützt ist. Wer nicht taucht, geht der Lieblingsbeschäftigung auf El Hierro nach: dem Wandern. Die mit knapp 11 000 Einwohnern dünn besiedelte Insel ist gut mit Wanderwegen erschlossen. Markenzeichen sind etliche atemberaubende Aussichtsplätze entlang des steil abbrechenden Hochlandes.

Touren in der Region

Tour 12 Dörfer und Badebuchten im Norden

Tour-Übersicht:

Verlauf: **Valverde › Mirador del Tamaduste › Charco Manso › Pozo de las Calcosas › Mocanal › Mirador de la Peña**

Dauer: 1 Tag; Fahrstrecke: 25 km

Praktische Hinweise:

- Der Norden El Hierros ist nachmittags vielfach in Passatwolken eingehüllt, deshalb startet man die kleine Rundfahrt am besten schon am frühen Vormittag.

Der markante Glockenturm der Iglesia de la Virgen de Candelaria von La Frontera

Tour-Start:

Von **Valverde** › S. 91 fährt man zunächst zum **Mirador del Tamaduste,** dann nordwärts in den Weiler Echedo und von dort die Serpentinen hinunter zum **Charco Manso**, einem Meerwasserpool, der von einem Felsentor überspannt wird. Zurück in Echedo hält man sich an der Ermita San Lorenzo rechts in Richtung Westen. Nach ca. 2 km bietet sich von der Sommersiedlung **Pozo de las Calcosas** aus nochmals die Möglichkeit, ans Meer zu gelangen. Wieder im Hochland, erreicht man das Straßendorf **Mocanal**, in dem ein Blick auf die hübsche Ermita de San Pedro lohnt. Weiter im Westen steht man kurz hinter dem Örtchen Guarazoca schließlich an dem von César Manrique gebauten ***Mirador de la Peña** › S. 92, wo sich neben der prächtigen Aussicht ins Golftal auch die Regionalküche probieren lässt.

Tour 13 Im äußersten Westen: Ans »Ende der Welt«

Tour-Übersicht:

Verlauf: **La Frontera › Tigaday › Sabinosa › Playa del Verodal › La Dehesa › Faro de Orchilla › Ermita de los Reyes › Malpaso**

Dauer: 1 Tag; Fahrstrecke: 70 km

Touren auf El Hierro

Tour 12 Dörfer und Badebuchten im Norden
Valverde › Mirador del Tamaduste › Charco Manso › Pozo de las Calcosas › Mocanal › Mirador de la Peña

Tour 13 Im äußersten Westen: Ans »Ende der Welt«
La Frontera › Tigaday › Sabinosa › Playa del Verodal › La Dehesa › Faro de Orchilla › Ermita de los Reyes › Malpaso

Praktische Hinweise:

- Für die Tagestour auf schmalen, teils ungeteerten Straßen empfiehlt sich ein geländegängiger Wagen, bei vorsichtiger Fahrweise ist die Rundtour auch mit normalem Pkw machbar.
- Eine detaillierte Inselkarte sollte man auf alle Fälle dabeihaben.

Tour-Start:

Von **La Frontera** › **S. 93** im Golftal führt ein Sträßchen zunächst in den Nachbarort **Tigaday,** der mit einem bizarren Drachenbaum nördlich der Hauptstraße aufwartet. Die weitere Fahrt verläuft sehr aussichtsreich parallel zur Golfküste nach **Sabinosa.** Der reizvolle Ort ist wegen seines radiumhaltigen Gesundbrunnens **Pozo de la Salud** bekannt, der einzigen Heilquelle der Kanarischen Inseln (Kurgäste kommen im Balneario unter, Tel. 922 55 94 65).

Nach den Lavafeldern von Arenas Blancas wird im äußersten Westen die **Playa del Verodal** vor imposanter Felskulisse erreicht. Der leicht rötliche, grobe Sandstrand gilt als der schönste und längste der Insel. Angesichts der oft unberechenbaren Strömungsverhältnisse sollte man sich jedoch besser auf ein Fuß- und Sonnenbad beschränken.

Von der Küste geht es hinauf zur Hochebene **La Dehesa.** Das botanische Highlight des menschenleeren Landstriches sind die unter Naturschutz stehenden Wacholderbäume: Die verkrüppelten Windflüchter, die ihre meist rechtwinklig abgeknickte Krone tief über der Erde tragen, führen sozusagen eine Existenz im Windkanal.

Zum Kap Orchilla fährt man die Piste hinunter zum Leuchtturm **Faro de Orchilla,** wo im 2. Jh. n. Chr. Ptolemäus den Nullmeridian markierte – bis weit in die Neuzeit hinein galt El Hierro als westlichster Punkt der bekannten Welt.

Auf dem Rückweg verdient die **Ermita de los Reyes** mit ihrer Madonnenfigur einen Besuch. Das Kirchlein ist alle fünf Jahre Ausgangspunkt einer großen Wallfahrt, bei der die Madonnenstatue auf einer Marathonstrecke quer durchs Hochland in die Hauptstadt Valverde getragen wird. Anschließend passiert man den **Malpaso** (1500 m), El Hierros höchsten Gipfel, und trifft nach Cruz de los Reyes wieder auf die Straße ins Golftal.

Unterwegs auf El Hierro

Valverde 1

Der Ort (2000 Einw.) ist die einzige Inselhauptstadt der Kanaren, die nicht am Meer, sondern im Hochland (600 m ü. d. M.) liegt. Von einer Stadt kann eigentlich gar nicht die Rede sein, Valverde ist eher eine Ansammlung locker verstreuter Häuser. Gemüsegärten und krähen-

› Karte S. 90

de Hähne unterstreichen den dörflichen Charakter. Nur an den schon vormittags vollen Bars entlang der Hauptstraße vermag man zu erkennen, dass man sich in der Inselmetropole befindet. Einzig sehenswertes historisches Gebäude der 1405 gegründeten Stadt ist die Pfarrkirche **Nuestra Señora de la Concepción** aus dem 18. Jh.

Infos

Patronato Insular de Turismo

- Dr. Quintero, 4
- Tel. 922 55 03 02
- www.elhierro.travel

Verkehr

Busverbindungen: Mo–Sa gibt es je eine Verbindung von Valverde in die wichtigsten Inselorte.

Die Kirche von Valverde

Hotels

Parador de El Hierro ●●●

Die komfortabelste Unterkunft der Insel (4 Sterne) liegt 19 km außerhalb, am Ende einer weit geschwungenen Kiesbucht; großes Aktivprogramm, hervorragende Inselküche.

- Las Playas
- Tel. 922 55 80 36
- www.parador.es

Boomerang ●●

Ruhiges, einfaches 2-Sterne-Hotel in der Nähe des Kirchplatzes.

- Dr. Gost, 1
- Tel. 922 55 02 00
- www.hotel-boomerang.com

Restaurant

Bar Los Reyes ●

Beliebter Treffpunkt mit gut gefüllter Tapas-Vitrine.

- Licenciado Bueno, s/n
- Tel. 928 55 11 52

Ausflug zum *Mirador de la Peña 2

6

Der Aussichtsplatz, westlich von Valverde gelegen, zählt zu den absoluten landschaftlichen und architektonischen Highlights der Insel; nach Westen fällt das Land abrupt 700 m zum Meer in die weit geschwungene Bucht von **El Golfo** ab. Der Künstler César Manrique nutzte den Ort für das spektakuläre Panoramarestaurant Mirador de la Peña (Tel. 922 55 03 00), das kanarische Kost und Inselweine bietet. Durch die verglaste Fassade kann man beim Essen einen tollen Ausblick auf die halbkreisförmige Golfbucht genießen.

Erst-! klassig

Las Puntas 3

Der Miniort am Nordrand des Golftales besteht aus einer losen Ansammlung von kleinen Apartmenthäusern. Am alten Schiffsanlegeplatz

Erst-! klassig

Punta Grande residiert eines der originellsten Hotels des Archipels: Das 1884 erbaute, gründlich modernisierte Lagerhaus liegt auf einer Landzunge, die auf drei Seiten vom Meer umtost wird. Landeinwärts lädt das sauber herausgeputzte Museumsdorf ***Guinea** zu einem Besuch ein. Den ohne Mörtel errichteten, winzigen Bauernkaten glaubt man sofort, dass sie zu den ältesten Siedlungen der Insel gehören (Di bis Sa 10–14, 16–18, So 11–14 Uhr).

Hotel

Punta Grande ●●
Vier kleine Zimmer bescherten dem Haus einst den Eintrag ins Guinness-Buch als kleinstes Hotel der Welt; mit gutem Hotelrestaurant.
- Tel./Fax 922 55 90 81

La Frontera 4

La Frontera ist das Verwaltungszentrum der Golfregion. Viele Geologen sehen in der halbkreisförmigen Bucht ****El Golfo** das Ergebnis einer vermutlich durch ein Erdbeben ausgelösten Naturkatastrophe. Vor gut 50 000 Jahren soll sich auf der Insel eine Art Urknall ereignet haben – ein Drittel der Insel brach weg und versank im Meer. Übrig blieb ein etwa 25 km langer Halbkrater, dessen Ränder von mehr als 1000 m Höhe in einen breiten Küstensaum auslaufen. Die Region wird landwirtschaftlich intensiv genutzt, neben Bananen werden vor allem Ananas angebaut.

Das Wahrzeichen von La Frontera ist der adrette Glockenturm der ***Iglesia de la Virgen de Candelaria.** Wie ein Versatzstück aus der Spielzeugkiste thront er einsam auf einem rotbraunen Vulkanstumpf. Die Kirche liegt ein wenig versteckt davon am Fuße des Hügels.

Hotel

Hotelito Ida Inés ●●
Zwölf gemütlich eingerichtete Zimmer mit schönem Ausblick auf das Valle del Golfo und die Küste, familiär.
- Frontera, Camino del Hoyo, s/n
- Tel. 922 55 94 45
- www.hotelidaines.com

Restaurants

El Guanche ●
Authentische kanarische Kost und Tapas.
- Frontera, Calle Cruz Alta
- Tel. 922 55 90 65

SEITENBLICK

Dicke Nebelsuppe

Das Wetter im Hochland hat so seine Eigenarten. Von den Herreños mit stoischer Gelassenheit ertragen wird die Bruma, eine vom Nordostpassat zusammengerührte neblige Suppe, die den Norden im Winter oft tagelang einlullt und das Leben dämpft. Die Einheimischen hüllen sich dann in bodenlange Mäntel ein – und man mag kaum glauben, dass El Hierro auf demselben Breitengrad wie Kairo liegt.

› Karte S. 90

Die Bucht von Tacorón lädt zum Baden und Tauchen ein

Joapira ●

Dorfbar am Kirchplatz mit aussichtsreicher Terrasse.

- Plaza Candelaria, 8
- Tel. 922 55 98 03

Shopping

In der **Pasteleria Frontera**, Calle Las Lajas, 4, kann man inseltypische süße Sachen erstehen.

El Pinar 5

Die Ortsteile Las Casas und Taibiques bilden seit 2007 einen von Frontera abgespalteten Gemeindebezirk, der seinen Namen den Kiefernwäldern (span. *pinar*) in der Umgebung verdankt. Vom nahe gelegenen Vulkankegel der **Montaña de Tanajara** (912 m) bietet sich ein grandioses 360°-Panorama über die bewaldete Region. Nördlich von El Pinar zeigt sich vom **Mirador de las Playas** die gleichnamige Bucht wie aus dem Cockpit eines Flugzeugs.

Erst-! klassig

La Restinga 6

Der sonnenreiche Ort in der südlichsten Ecke des Archipels kam 2011 in die Schlagzeilen, als vor der Küste ein von leichten Erdbeben begleiteter Unterwasservulkan ausbrach. Die Einwohner mussten kurzzeitig evakuiert werden. Der Tourismus kam zum Erliegen, auch das artenreiche Riff vor dem Ort wurde nicht mehr betaucht. Mittlerweile hat sich die Situation wieder beruhigt. Im Hinterland wird die Szenerie von wohlgeformten Vulkankegeln beherrscht; dazwischen liegen bizarre Stricklavafelder.

Ausflug zur **Cala de Tacorón**

In der Nähe von La Restinga lockt das Meeresschwimmbecken in der **Cala de Tacorón.** Die über ein 4 km langes Sträßchen erreichbare Bucht ist besonders am Spätnachmittag sehr stimmungsvoll. Von dort kann man auf steinigem Pfad in einer Viertelstunde zur **Cueva del Diablo** (Teufelshöhle) wandern.

Hotel

Apartamentos Bahía ●

Einfaches Apartmenthaus mit Meerblick.

- Avenida Marítima, 12
- Tel. 617 61 46 19
- www.apartamentosbahia.info

Restaurant

Casa Juan ●

Seafood-Lokal oberhalb des Hafens.

- Tel. 922 55 80 02

Dünenlandschaft bei Maspalomas

Gran Canaria

Das Beste!

- Im Jardín Canario seltene Pflanzen entdecken › S. 105
- Durch die haushohen Sanddünen von Maspalomas wandern › S. 106
- Im Schädelkabinett des Museo Canario der Ureinwohner gedenken › S. 101
- In Puerto Rico einen Segeltörn unternehmen › S. 107
- Durch »Klein Venedig« in Puerto de Mogán schlendern › S. 108

› Karte S. 99

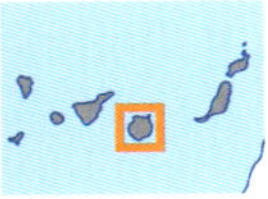

Fernab der quirligen Badezentren an der Südküste geht es im Bergland noch beschaulicher und ursprünglicher zu als man denkt.

Eine grandiose Dünenlandschaft im Süden, fruchtbares Kulturland im Norden und in der Mitte ein zerklüftetes Bergmassiv mit Felsnadeln, die als markante Landzeichen die urweltliche Szenerie beherrschen, dazu die sich kosmopolitisch gebende Metropole und Hafenstadt Las Palmas – Gran Canaria überrascht durch seine Vielfalt und hat weitaus mehr zu bieten als Sonnengrills und Amüsiermeilen.

Die Ferienorte konzentrieren sich an der Südküste (Costa Canaria) und Südwestküste (Costa Mogán). Hauptstrand ist die Playa del Inglés, die sich auf 6 km Länge von San Agustín bis hin zum Leuchtturm von Maspalomas erstreckt.

2005 hat die UNESCO weite Teile des Inselinneren zum Biosphärenreservat erklärt. Das ursprüngliche Bergland ermöglicht Wanderern und Bikern faszinierende Touren. Die Metropole Las Palmas de Gran Canaria weiß nicht nur durch die restaurierte koloniale Altstadt zu überzeugen, sondern auch mit ihrem kulturellen Angebot und den guten Einkaufsmöglichkeiten.

Touren in der Region

Tour 14 Panoramastraße im Westen

Tour-Übersicht:

Verluaf: **Puerto de Mogán › Mogán › Playa del Asno › Tasartico › Playa de Güigüí › La Aldea de San Nicolás › Puerto de la Aldea › Puerto de las Nieves**

Dauer: 1 Tag; Fahrstrecke: 80 km

Praktische Hinweise:

- Die Küstenstraße ist gut ausgebaut. Wegen der vielen Kurven und Aussichtspunkte Zeit einplanen!

Tour-Start:

Der dünn besiedelte Westen Gran Canarias wird durch die GC-200 erschlossen, die sich in ständigem Auf und Ab über schroff zum Meer abfallende Küstenberge windet. Von ***Puerto de Mogán** › S. 108 fährt man zunächst landeinwärts nach **Mogán,** von dem die Feriensiedlungen im Südwesten verwaltet werden. Die Straße schlängelt sich in vielen Kurven zur Passhöhe Degollada de la Aldea hinauf, von dort ist auf einer Stichstraße ein Abstecher zur **Playa del Asno** möglich. Unter Wanderern ist die Tour vom Weiler **Tasartico** zum nur per Pedes erreichbaren

Traumstrand **Playa de Güigüí** sehr beliebt (hin und zurück 5 Std.).

Hauptort im Westen ist **La Aldea de San Nicolás**. Auf dem fruchtbaren Schwemmlandboden werden in Treibhäusern vornehmlich Tomaten kultiviert. Völlig ungeschminkt gibt sich der steinige Strand am Minihafen **Puerto de la Aldea,** an dem sich ein paar einfache Fischlokale sowie ein Picknickplatz finden.

Etliche Aussichtsplätze, etwa der ***Mirador de Balcón,** sorgen für immer neue Ansichten der wild zerklüfteten Küstenlandschaft. Über Agaete erreicht man schließlich **Puerto de las Nieves** › S. 109, wo man vor der Rückfahrt in einem der Lokale am Wasser noch eine Pause einlegen kann.

Tour 15 Die Nordküste entlang

Tour-Übersicht:

Verlauf: **Las Palmas › Arucas › Montaña de Arucas › Firgas › Moya › Los Tilos › Cenobio de Valerón › Gáldar**

Dauer: 1 Tag; Fahrstrecke: 60 km

Praktische Hinweise:

- In der Cueva Pintada in Gáldar finden Di–So mehrmals tgl. Führungen statt.

Tour-Start:

Von **Las Palmas** › S. 100 in Richtung Westen fahrend wird mitten im Bananengürtel Arucas erreicht. Das Ortsbild der drittgrößten Stadt Gran Canarias wird von der Silhouette der ***Iglesia de San Juan** dominiert, einer ziemlich monströs geratenen, neugotischen Kirche, von den Insulanern »Catedral« genannt.

Das beste Panorama über die Region ermöglicht die ***Montaña de Arucas** (412 m), von der aus sich praktisch die ganze Nordküste überblicken lässt.

In **Firgas** weiter westlich sprudelt eine Quelle, deren Mineralwasser in fast jedem Supermarkt der Insel zu kaufen ist. Sehr reizvoll gestaltet ist der Spazierweg Paseo de Gran Canaria, der von einer Wassertreppe begleitet wird. Im Nachbarort **Moya** ist die weithin sichtbare **Iglesia del Pilar** ein Blickfang: Die verschachtelt gebaute Pfarrkirche thront pittoresk am Rand eines Barrancos. Auf der Straße nach Santa Maria de Guía bietet sich ein kurzer Abstecher nach ***Los Tilos** an; in dem üppig begrünten Tal finden sich noch Überreste eines Lorbeerwalds aus dem Tertiär. Erst-! klassig

An der mit »Cuesta de Silva« ausgeschilderten alten Küstenstraße liegt nahe Guía ****Cenobio de Valerón,** eine der bedeutendsten archäologischen Stätten des Archipels. Unter einem mächtigen Basaltbogen verbirgt sich ein mehrstöckiger Höhlenkomplex mit etwa 300 wabenförmig in den weichen Tuff gegrabenen Höhlen. Es wird noch darüber spekuliert, wozu die Anlage den Altkanariern einst gedient haben könnte. In der alten Königsstadt **Gáldar** › S. 109 ist die wieder eröffnete ***Cueva Pintada** einen Besuch wert.

› Karte S. 99

Tour 16 Ins zentrale Bergland

Tour-Übersicht:

Verlauf: **Maspalomas › Mundo Aborigen › Fataga › San Bartolomé de Tirajana › Roque Nublo › Pico de las Nieves › Tejeda**

Dauer: 1 Tag; Fahrstrecke: 60 km

Praktische Hinweise:

- Das Freilichtmuseum Mundo Aborigen hat tgl. 9–18 Uhr geöffnet. Wer zeitig aufbricht, kann es auch nachmittags zum Abschluss der Tour besuchen.

Tour-Start:

Den eindrucksvollsten Zugang ins Bergland eröffnet von **Maspalomas** › **S. 106** aus die Straße durch den **Barranco de Fataga.** Am Anfang der Schlucht zeigt das Freilichtmuseum **Mundo Aborigen** in originalgetreuen Nachbildungen die Lebensweise der kanarischen Ureinwohner › **S. 30** (Carretera de Fataga, km 6).

Dattelpalmen, tropische Früchte und kleine Gemüsefelder kündigen das malerisch zwischen den schroffen Felswänden platzierte Bergdorf **Fataga** an. Es lädt zum Bummel durch die verwinkelten Gassen mit den typischen schindelgedeckten Steinhäusern ein. Gleichsam eine Etage höher, schon auf 900 m, duckt sich **San Bartolomé de Tirajana** am Talausgang ans Zentralmassiv. Die Früchte des hier intensiv betriebenen Obstanbaus werden zu einem nicht unbeträchtlichen Teil in kleinen Destillen zu Hochprozentigem gebrannt. Eine lokale Spezialität ist der Guindillo, ein köstlicher Sauerkirschlikör.

Beim Weiler Ayacata trifft man auf die Ringstraße, die auf imposante Weise das Herz der Insel umschließt. Der GC-600 folgend gelangt man nach 3 km zum Parkplatz La Goleta und von dort auf einem Wanderpfad in 30 Min. zum ***Roque Nublo** (1813 m). Die markante Felsnadel genau im geografischen Zentrum der Insel ist ein besonders fotogenes Wahrzeichen Gran Canarias. Erosionskräfte haben vom Rest eines Vulkans alle lockeren Auswurfprodukte abgetragen, sodass nur noch der mit Magma gefüllte harte Schlotkern übrig ist. Einer geballten Faust ähnlich erhebt er sich etwa 80 m über dem Bergstock.

Von der Ringstraße lässt sich ein kurzer Abstecher zum **Pico de las Nieves** (1949 m), dem höchsten Berg der Insel, machen. Der Gipfel selbst, auf dem eine Radarstation thront, ist als militärisches Sperrgebiet ausgewiesen, man kann aber einen etwas tiefer gelegenen Aussichtspunkt ansteuern.

Am **Cruz de Tejeda** treffen die von der Nordküste von Las Palmas und Arucas hochführenden Straßen auf die Ringstraße und machen den Pass auf fast 1500 m Höhe zu einem Verkehrsknoten. Die von einem steinernen Kruzifix markierte Passhöhe gilt als der berühmteste Aussichtspunkt der Insel. **Erst-! klassig** Auf der Rückfahrt in den Süden bietet sich eine Einkehr in dem hübschen Bergdorf ***Tejeda** › **S. 110** an.

Verkehrsmittel

Das öffentliche Busnetz entlang der Ost- und Südküste ist gut ausgebaut. Für Ausflüge entlang der Westküste und ins Bergland empfiehlt sich ein Mietwagen.

Adressen

- Offizielle Website mit aktuellen Infos zu Aktivitäten und Veranstaltungen: www.grancanaria.com.
- Linienbusnetz: www.globalsu.net.

Touren auf Gran Canaria

Tour 14 Panoramastraße im Westen

Puerto de Mogán › Mogán › Playa del Asno › Tasartico › Playa de Güigüí › La Aldea de San Nicolás › Puerto de la Aldea › Puerto de las Nieves

Tour 15 Die Nordküste entlang

Las Palmas › Arucas › Montaña de Arucas › Firgas › Moya › Los Tilos › Cenobio de Valerón › Gáldar

Tour 16 Ins zentrale Bergland

Maspalomas › Mundo Aborigen › Fataga › San Bartolomé de Tirajana › Roque Nublo › Pico de las Nieves › Tejeda

› Karte S. 101

Unterwegs auf Gran Canaria

Las Palmas de Gran Canaria 1

Las Palmas ist der wirtschaftliche und kulturelle Mittelpunkt Gran Canarias und zugleich Verwaltungszentrum für die Ostprovinz der Kanaren, zu der neben Gran Canaria auch Fuerteventura und Lanzarote gehören. Die mit Abstand größte Stadt der Inselgruppe (381 000 Einw.) wurde 1476 gegründet und präsentiert sich dem Besucher heute als multikulturelle und abwechslungsreiche Metropole: Koloniales Flair in der Altstadt paart sich mit Jugendstilvillen und modernen Bankpalästen, grüne Parkoasen stehen in herbem Kontrast zu den gesichtslosen Wohnkasernen in den ausufernden Vorstädten. Und wer auf Strandleben aus ist, kann auch das haben: Der kilometerlange Stadtstrand Las Canteras kann sich durchaus sehen lassen.

SEITENBLICK

Mumien

Gut 1000 Totenköpfe füllen die randvollen Vitrinen des Museo Canario bis an die Decke. Ausgestellte Mumien dokumentieren, dass die Kunst der Einbalsamierung nicht nur am Nil praktiziert wurde – wenn auch die Altkanarier die Technik lange nicht so perfekt beherrschten wie die Ägypter. Man schloss die Körperöffnungen mit Bienenwachs, präparierte den Leichnam mit dem harzigen Saft des Drachenbaumes und wickelte ihn in gegerbte Ziegenfelle ein.

Rund um die *Plaza Santa Ana

An der Plaza Santa Ana im alten Stadtviertel ****La Vegueta** konzentrierte sich nach der Conquista die politische und kirchliche Macht der neuen Herren. Der von Palmen gesäumte und von bronzenen Hundeskulpturen – eine Reminiszenz an die Wappentiere der Stadt – gezierte Platz wird von den beiden Türmen der ***Catedral de Santa Ana** Ⓐ überragt. Ihre 500-jährige Baugeschichte spiegelt sich in einem Sammelsurium der Stilepochen wider. In den Seitenkapellen sind die sterblichen Überreste einiger bedeutender Persönlichkeiten der Stadt beigesetzt. Der per Lift zugängliche Südturm erlaubt ein beeindruckendes Panorama über die Dächer der Metropole. Das angeschlossene **Museo Diocesano de Arte Sacro** zeigt neben Gemälden flämischer Meister auch sakrale Gegenstände (Mo–Fr 10 bis 16.30, Sa 10–13.30 Uhr).

Gegenüber der Kathedrale wird der Platz vom **Ayuntamiento** Ⓑ (Rathaus) aus der zweiten Hälfte des 19. Jhs. begrenzt. Den Vorläufer des neoklassizistischen Baus traf im Jahre 1842 ein Feuerwerkskörper, woraufhin das Gebäude vollständig ausbrannte.

Auch der **Palacio Episcopal** Ⓒ, die Bischofsresidenz, überstand die

Wirren der Geschichte nicht unbeschadet, aber immerhin blieb das von einem Wappen gezierte Portal erhalten.

Zwei Blöcke von der Plaza de Santa Ana entfernt beherbergt das **Museo Canario D** die bedeutendste archäologische Sammlung der Kanaren. Zu den herausragenden Exponaten zählen verschiedene Kultobjekte der prähispanischen Ureinwohner, darunter das Idol von Tara, eine etwa 30 cm hohe Terrakottastatue, die als Symbol weiblicher Fruchtbarkeit gilt (Calle Dr. Verneau, 2, www.elmuseocanario.com, Mo–Fr 10–20, Sa, So 10 bis 14 Uhr).

Erst-klassig

Von der *Casa de Colón zur Markthalle

Als Kleinod spanischer Kolonialarchitektur entpuppt sich die ***Casa de Colón E**, das Christoph Kolumbus gewidmete Wahrzeichen von Las Palmas. In dem Prunkbau, der nach der Conquista als Sitz des Inselgouverneurs diente, ist heute ein Museum eingerichtet. Die Navigationsinstrumente, alten Seekarten und Nachbildungen der drei Kolumbusschiffe sind allerdings nur für ausgesprochene Kolumbus-Fans interessant – das Haus selbst ist die eigentliche Sehenswürdigkeit (Calle Colón, 1, www.casadecolon.com, Mo–Sa 10–18, So 10–15 Uhr).

› Karte S. 101

Jugendstilkiosk im Parque San Telmo

Vom Kolumbushaus lohnt ein Abstecher in die Calle Los Balcones, ein stilles Sträßchen mit Häuserfronten aus dem 18. Jh., deren kleine Holzbalkone für den Namen der Gasse Pate standen. Die Hausnummern 9–11 nimmt das **Centro Atlántico de Arte Moderno** F ein. Hinter der historischen Fassade verbirgt sich auf fünf Ebenen ein von zwei Glaspyramiden gekrönter hypermoderner Kunsttempel. Kühler Marmor, nüchterne Linienführung und Elfenbein als dominierende Farbe bilden den Rahmen für wechselnde Ausstellungen hohen Niveaus. Es gibt auch ein Dokumentationszentrum und eine gut sortierte Kunstbuchhandlung (www.caam.net, Di–Sa 10–21, So 10–14 Uhr).

Durch verwinkelte Gassen gelangt man zur vormittags immer lebhaften **Markthalle** G in der Calle Mendizábel (Mo–Sa 8–14 Uhr).

Im Triana-Viertel

Das einstige Viertel der kleinen Kaufleute, Handwerker und Fischer ist heute eines der Einkaufszentren der Stadt. Seine Lebensader ist die Fußgängerstraße Mayor de Triana, in der noch einige schöne Jugendstilfassaden erhalten sind.

Die Einkaufsstraße endet am **Parque de San Telmo,** einem wichtigen Verkehrsknotenpunkt. Bei der dem Schutzheiligen der Seeleute geweihten gleichnamigen **Ermita San Telmo** H lohnt sich ein Blick ins Innere auf die schön getäfelte Mudéjardecke.

Sehr sehenswert ist der im Park thronende außergewöhnliche Jugendstilkiosk I. Taubenblau geflieste, achteckige Außenwände und ein messingfarbenes Kuppeldach lassen den Bau wie einen kleinen Tempel erscheinen, sodass der in aller Ruhe in oder vor dem Kiosk genossene Café solo besonders gut schmeckt.

Erst-! klassig

Shopping

In der Calle Domingo Navarro Nr. 7 (zweigt von der Mayor de Triana ab) offeriert die **Tienda Fedac** einen Querschnitt kanarischen Kunsthandwerks. Die Einnahmen fließen ohne Abzüge den Kunsthandwerkern zu.

*Parque Doramas und Santa Catalina

Zum **Parque Doramas** inmitten der **Ciudad Jardín,** einem Villenviertel aus den 1920er-Jahren, nimmt man am besten ein Taxi. Im Park entstand 1955 das **Pueblo Canario** als kanarisches Vorzeigedorf samt Restaurants und Kunstgewerbeläden nach einem Entwurf des Malers Néstor Martín Fernández de la Torre. Das ***Museo Néstor** macht mit dem Werk des vom Symbolismus inspirierten Malers bekannt (Di–Sa 10–19, So 10.30–14.30 Uhr). Am Sonntagvormittag findet auf der kleinen Plaza um 11.30 Uhr eine Folkloreshow mit Tänzen statt.

Santa Catalina auf dem Isthmus zwischen dem Hafen und der Playa de las Canteras hat sich zu einem der lebhaftesten Stadtviertel entwickelt. Im Park ist ein Museum angesiedelt – das **Museo Elder de la Ciencia y la Tecnología.** Es dokumentiert mit interaktiven Exponaten den technischen Fortschritt (www.museoelder.org, Di–So 10–20 Uhr).

Die Hafennähe ist wohl auch für das quirlige Nachtleben mit unzähligen Restaurants, Diskos, Kneipen, Karaoke-Bars und Peepshows verantwortlich.

An der Playa de las Canteras

Die 3 km lange Promenade entlang der Playa de las Canteras flankieren Hotels, Apartmentbauten und viele Strandcafés. Der Strand selbst ist durch ein vorgelagertes Riff auf natürliche Weise vor den ungestüm heranrollenden Brechern geschützt.

Puerto de la Luz

Wer Hafenatmosphäre schnuppern will, sollte über die ausgedehnten Kais des Puerto de la Luz bummeln. Der Hafen von Las Palmas mag in den letzten Jahren zwar etwas von seiner Rolle als Drehkreuz im Atlantik verloren haben, doch noch immer geht es hier überaus geschäftig zu. Von der Muelle del Santa Catalina, an der zahlreiche Fährschiffe ankern, hat man einen Blick auf den Marinehafen, die Muelle del Castillo ist hingegen für die internationale Fischereiflotte reserviert. An der Muelle de la Luz legen Tanker und Containerschiffe an.

Infos

Patronato del Turismo

- Triana, 93
- Tel. 928 21 96 00
- www.grancanaria.com

Verkehr

- **Busverbindungen:** Der Busbahnhof für die Überlandbusse befindet sich am Parque de San Telmo. Von hier gibt es gute Verbindungen an die Costa Canaria und in den Inselnorden. Für die Anreise aus den Ferienorten im Süden bieten sich die Expressbusse an.
- **Parken:** Sind Sie mit dem Mietwagen unterwegs, parken Sie am besten im Triana-Parkhaus oder in Santa Catalina im Edifico Elder.

Hotels

Santa Catalina ●●●
Luxuriöses Traditionshotel, mit Antiquitäten möbliert; die Prominenz schätzt den perfekten Service.

- León y Castillo, 227
- Tel. 928 24 30 40
- www.hotelsantacatalina.com

Reina Isabel & Spa ●●●
Elegantes Strandhotel an der Playa de las Canteras gelegen; mit Spabereich, Dachpool und Garten.

Las Palmas de Gran Canaria hat einen kilometerlangen Stadtstrand

- Alfredo L. Jones, 40
- Tel. 928 26 01 00
- www.bullhotels.com

Parque ●●

Gutes Mittelklassehotel am Parque de San Telmo; mit Dachterrasse und Sauna.

- Muelle de Las Palmas, 2
- Tel. 928 36 80 00
- www.hotelenlaspalmas.es

Madrid ●

Einfache Zimmer, unweit der Altstadt gelegen.

- Plaza Cairasco, 4 | Tel. 928 36 06 64
- www.elhotelmadrid.com

Restaurants

Casa Montesdeoca ●●●

Im Herzen der Altstadt gelegen mit herrlichem Innenhof; ausgezeichnete Fischgerichte. So Ruhetag.

- Montesdeoca, 10 | Tel. 928 33 34 66

Al Maccaroni ●●

Guter Italiener direkt auf der Flaniermeile am Meer.

- Paseo de las Canteras, 12
- Tel. 928 27 15 80

El Herreño ●●

Bar/Restaurant mit kanarischer Küche und guten Tapas.

- Mendizábel, 5
- Tel. 928 31 05 13

El Novillo Precoz ●●

Das beste südamerikanische Steakhaus der Stadt, unbedingt reservieren.

- Calle Portugal, 9
- Tel. 928 22 16 59

Shopping

El Corte Inglés in der Avenida José Mesa y Lopez ist das größte Kaufhaus im Archipel. Es wartet u.a. mit einer erlesenen Feinschmeckerabteilung auf.

Nightlife

Nachtschwärmer treffen sich in einer der Discos im **Centro Comercial El Muelle** am Hafen. Eine gute Adresse für Salsa ist **Pequeña Habana** in der Calle Fernando Guanarteme 45.

Ausflug in den Jardín Canario 2

Unterhalb des Vorortes Tafira Alta bietet der ****Jardín Canario** einen hervorragenden Querschnitt durch die endemische Kanarenflora. Ein Biologenteam des Jardín Botanico Viera y Clavijo, so der volle Name, bemüht sich um die Nachzucht bedrohter Arten. Neben einem kleinen Lorbeerwald und stattlichen Drachenbäumen ist die aus aller Welt zusammengetragene Sukkulentensammlung sehenswert (Tel. 928 21 95 80, www.jardincanario.org, tgl. 9–8 Uhr, Eintritt frei).

Erst-! klassig

Wer möchte, fährt anschließend weiter auf der GC-10 und biegt nach 4 km linker Hand in ein Sträßchen Richtung Bandama ab. Vom Pico de Bandama (574 m) hat man einen faszinierenden Blick auf die ***Caldera de Bandama,** einen im Durchmesser etwa 1 km großen Einsturzkrater ganz wie aus dem geologischen Lehrbuch. Von der Aussichtsplattform lässt sich nebenbei das endlose Häusermeer von Las Palmas überblicken.

Telde 3

Mit 101 000 Einwohnern hat die zweitgrößte Stadt der Insel jüngst den Sprung zur Großstadt geschafft. Der Ort südlich von Las Palmas war in vorspanischer Zeit ein bedeutender Siedlungsplatz, an dem Archäologen u.a. das **Idol von Tara** › S. 101 fanden. Um das in der kolonialen Epoche entstandene Viertel San Juan hat sich heute ein nicht besonders einladender Wildwuchs aus Vororten und Industriegebieten breitgemacht. In der ***Basílica de San Juan Bautista** gehört ein auf Anfang des 16. Jhs. datierter flämischer Altaraufsatz zu den herausragenden Kunstschätzen.

Playa del Inglés 4

Der Tourismus konzentriert sich in den beiden zusammengewachsenen Orten Playa del Inglés und Maspalomas › S. 106, die beide vom Flughafen Gando in einer halben Stunde zu erreichen sind. Playa del Inglés ist am Reißbrett als lupenreine Hotelstadt entstanden, in deren Umfeld sich riesige Einkaufszentren, Vergnügungsparks, Fastfoodrestaurants und Autovermietungen angesiedelt haben. Hauptkapital ist hier der 6 km lange feinsandige »Strand der Engländer«, an dem sich heute jedoch mindestens ebenso viele deutsche Touristen tummeln.

Dutzende von Spielhallen, Diskos und Pubs finden vor allem bei jüngeren Besuchern Anklang, die sich sowohl tags am Strand als auch nachts vergnügen wollen.

Infos

Centro Insular de Turismo

- Avenida de España (neben dem Yumbo-Einkaufszentrum)
- Tel. 928 77 15 50
- www.grancanaria.com

Verkehr

Busverbindungen: Ein dichtes Busnetz verbindet alle wichtigen Orte der Costa Canaria; gute Verbindungen nach Las Palmas.

Hotels

Parque Tropical ●●●
235-Zimmer-Hotel mit ansprechender Architektur und Einrichtung im kanarischen Stil; herrliche Park- und Poollandschaft.

- Avenida de Italia, 1
- Tel. 928 77 40 12
- www.hotelparquetropical.com

Riu Palace Maspalomas ●●●
Modernes Großhotel mit 368 Zimmern auf vier Etagen, das an ein Amphitheater erinnert; Toplage am Rand der Dünen.

- Plaza de Fuerteventura, 1
- Tel. 928 76 95 00
- www.riu.com

Apartamentos Santa Monica ●●
Schöne Lage an den Dünen, fast alle Ferienwohnungen haben Meerblick. Oft von Pauschalveranstaltern belegt, Restplätze meist im Internet.

- Paseo Costa Canaria, 116
- Tel. 928 77 24 55
- www.apartamentossantamonica.com

Restaurants

Riminí ●●
Seit 20 Jahren etablierter Italiener. Geboten werden Saltimbocca, Ossobuco und andere mediterrane Spezialitäten sowie eine große Weinkarte.

- Avenida Gran Canaria, 28
- Tel. 928 76 41 87

Méson San Fernando ●●
Gute spanische und kanarische Küche, u.a. Spezialitäten aus dem Meer.

- Calle Marcial Franco, Bloque 4
- Tel. 928 76 09 80
- www.mesonsanfernando.com

Nightlife

Das Nachtleben konzentriert sich rund um das Vergnügungszentrum **Kasbah**. Techno-Fans strömen ins **Chic** (Hotel Maritim Playa), der Club **Ozono** (Hotel Buenaventura) ist Treff für Freunde von Hip-Hop und House Music. Gesetzteres Publikum trifft sich in der **Disco Pachá** (C.C. Plaza) und die Gay-Szene ist im **Yumbo Center** vertreten.

Maspalomas 5

Verglichen mit dem umtriebigen Playa del Inglés gibt sich der Nachbarort etwas ruhiger. Mit seinen luxuriösen Hotels, großzügigen Bungalows und drei Golfplätzen zieht Maspalomas ein betuchteres Publikum an, das es vornehmer mag. Am Meloneras-Strand westlich des Leuchtturms konkurrieren neue Nobelhotels.

Der klangvolle Name der Stadt geht auf eine kleine Brackwasserlagune am Ausgang eines Barrancos zurück, an dessen Ufern einst eine große Taubenkolonie nistete. Der **Charco de Maspalomas** steht heute unter Naturschutz. Trotz angrenzender intensiver Bebauung können hier etliche Vogelarten beobachtet werden.

Ein landschaftliches Highlight sind die ****Dunas de Maspalomas.** Die bis zu 1,5 km breite und 8,5 km lange, faszinierende Dünenlandschaft vermittelt den Eindruck, als befinde man sich in der Sahara. Vor den bis zu 20 m hohen Wellenkämmen lockt die Playa de Maspalomas Badegäste an, ein Teil ist als FKK-Zone ausgewiesen. 7

Hotels

Lopesan Costa Meloneras ●●●
Riesiges Palasthotel im Kolonialstil mit über 1100 Zimmern und Suiten, sechs Restaurants und Bistro, Park- und Poollandschaft, Spa-Center.
- Mar Mediterráneo, 1
- Tel. 928 12 81 00
- www.lopesanhotels.com

Riu Palace Oasis ●●●
Luxushotel mit Palmengarten in der Nähe des Leuchtturms.
- Plaza de las Palmeras, 2
- Tel. 928 14 14 48
- www.riu.com

Restaurant

Las Rias ●●●
Das Lokal ist im Obergeschoss des Einkaufszentrums Varadero in der neuen Urbanisation Meloneras. Geboten werden Meerblick und eine gute Auswahl an Seafood und Reisgerichten. Erst-! klassig
- Centro Comercial Varadero
- Tel. 928 14 00 62

Ausflug in den *Palmitos Park 6

10 km nördlich von Maspalamos, im **Barranco de Chamoriscán,** wurde 2007 der beliebteste Freizeitpark der Insel durch einen Waldbrand zerstört. Ein gutes Jahr später feierte der Palmitos Park seine Wiedereröffnung und präsentiert sich attraktiver denn je, wenngleich es noch dauern wird, bis sich der Palmenbestand erholt hat. Der Park bietet zahlreiche zoologische und botanische Attraktionen – etwa ein Schmetterlingshaus, ein Aquarium und eine beeindruckende Orchide-

Die Dünen von Maspalomas

ensammlung sowie Papageien und Raubvogelshows. Die neuen Stars des Parks sind eine Gruppe von Delfinen, für die eigens eine 1500 Zuschauer fassende Arena gebaut wurde (Park tgl. 10–18 Uhr, www.palmitospark.es, Eintritt Erw. 29 €, Kinder 21,50 €).

Arguineguín 7

Arguineguín westlich von Maspalomas ist eine der wenigen Siedlungen, die bereits vor der touristischen Erschließung der Südküste existierten. Der an sich wenig einladende Fischerort bildet nicht gerade die ideale Urlaubskulisse, auch einen guten Strand sucht man hier vergebens. Anziehend für Besucher sind vor allem die Fischlokale im Hafen. Erst-! klassig

Puerto Rico 8

Der »reiche Hafen« ist nach Playa del Inglés/Maspalomas die zweitgrößte Ferienstadt Gran Canarias. Über der künstlich aufgeschütteten Bucht wurden in einem Kraftakt reihenweise Apartmentkomplexe in den felsigen Hang gestapelt, um 30 000 Feriengäste unterzubringen. In der Hochsaison ist jeder Quadratmeter Strand von Sonnenanbetern belegt; Molen schützen vor den Brechern des Atlantik. Puerto Rico hat vor allem als Wassersportzentrum einen Namen. Vom Hafen legen mehrmals täglich Linienschiffe nach Puerto de Mogán und Arguineguin ab

Eine Promenade verbindet den Ort mit der 2 km westlich gelegenen Playa Amadores, wo über dem künstlich angelegten, kinderfreundlichen Traumstrand ein neues Hotelviertel entstanden ist.

Tauchkurse (für Anfänger/Fortgeschrittene) und begleitete Tauchgänge werden **Dive Center Aquanauts** angeboten (Tel. 928 73 61 96, www.aquanauts-divecenter.com).

Verkehr

Schiffsverbindungen: Tgl. nach Puerto de Mogán, Arguineguín.

Hotel

Gloria Palace Amadores ●●●
Aussichtsreiche Lage auf einer Klippe über der Playa Amadores, Spa.
- La Palma, 2 | Tel. 928 12 85 05
- www.gloriapalaceth.com

*Puerto de Mogán 9

Das einst abgeschiedene Fischernest im Südwesten gilt als ein Vorzeigeobjekt des kanarischen Tourismus. Der Stolz Puerto de Mogáns ist eine halb ins Wasser gebaute Feriensiedlung mit Jachthafen; Kanäle und Brücken schaffen eine Atmosphäre wie in Venedig. Schmiedeeiserne Veranden zieren die zweistöckigen Häuserblocks, in den autofreien Gassen blühen verschwenderisch Bougainvilleen – ein Idyll, das sich wohltuend von so manchem Betongetto abhebt. Klar, dass es sich hier nicht unbedingt billiger urlaubt. Individualreisende finden jedoch im alten Ortskern preiswerte Unterkünfte.

Erst-! klassig

Hotels

Cordial Mogán Playa ●●●
Die Nummer eins am Platz, 4-Sterne-Niveau mit gefälliger Architektur und schöner Poollandschaft.
- Avenida de los Marrero, 4
- Tel. 928 72 41 00
- www.cordialcanarias.com

Puerto de Mogán ●●–●●●
Komfortables Hotel in bester Lage am Jachthafen, mit Restaurant und Apartmentvermietung.
- Tel. 928 56 50 66
- www.hotelpuertodemogan.com

Pensión Lumy ●
Am Ortsausgang taleinwärts; mit Terrasse und Talblick; schlichte Zimmer mit Bad auf der Etage.
- Calle Las Manchas, 5
- Tel. 928 56 53 18
- www.pensionlumy.es

Erst-! klassig

Restaurant

Tu Casa ●●
In dem alten Strandhaus wird eine schmackhafte spanische Küche serviert.
- Las Artes, 18
- Tel. 928 56 50 78

Mächtige Tuffsteinfelsen säumen den Barranco de Agaete

Agaete 10

Die Häuserkuben des Gemeindesitzes an der Nordwestküste sind mitten in eine karge Landschaft gestellt. Umso wohltuender für die Augen wirkt das subtropische Grün im **Barranco de Agaete.** In dem 7 km langen, wasserreichen Tal gedeihen exotische Früchte wie Mangos und Avocados. Auf einem asphaltierten Sträßchen lässt sich der Barranco bis ans Ende erkunden.

Puerto de las Nieves 11

Der kleine Hafenort zieht vor allem an Wochenenden Ausflügler an. An dem durch die Mole geschützten Kiesstrand ist ein bescheidener Badebetrieb möglich. Attraktion des Ortes war eine aus dem Meer ragende Felsnadel, genannt Dedo de Dios (»Finger Gottes«), bis 2005 der Herbststurm Delta die 6 m hohe Spitze des Basaltfelsens abbrach.

Verkehr

Schiffsverbindungen: Tgl. Linienverkehr nach Teneriffa.

Restaurant

El Dedo de Dios ●●
Beliebtes Lokal am Lavastrand; Fisch und kanarische Spezialitäten. Di geschl.
▮ Tel. 928 89 80 00

Gáldar 12

Das Landstädtchen an der Nordküste war in vorspanischer Zeit Hauptstadt eines Königreichs der Altkanarier. Im Innenhof des **Rathauses** hat die Stadt dem letzten Guanchenherrscher Tenesor Semidan unter einem Drachenbaum ein Denkmal gesetzt.

Vom Kunstschaffen der präspanischen Vorfahren zeugt die ***Cueva Pintada,** deren Wände mit mehrfarbigen geometrischen Mustern ausgemalt sind. Ein Besuch der Höhle ermöglicht einen interessanten Ein-

Tejeda liegt malerisch im Bergland

blick in die altkanarische Kultur (Tel. 928 89 57 46, www.cuevapintada.org, geführte Touren mit Museumsbesuch Di–Sa 10–18, So 11 bis 18 Uhr).

SEITENBLICK

Costa Canaria

Die Costa Canaria, die von Bahía Feliz bis Puerto Rico die Südküste wie eine Sichel umschließt, ist das touristische Zentrum Gran Canarias. Hierfür ist besonders das sonnige Wetter im Süden verantwortlich, denn das bis zu 2000 m hohe Bergmassiv im Inselinneren bildet eine Wetterscheide: Die vom Passat herangeführten Wolkenmassen stauen sich dort und bescheren dem Norden zumindest bescheidene Niederschläge. Der Süden dagegen geht leer aus und lockt dafür mit Sonne im Überfluss.

**Teror 13

Schmuckstück im Norden Gran Canarias ist das herausgeputzte Landstädtchen Teror. Die geschlossene Front der Bürgerhäuser aus dem 16. und 17. Jh. in der Fußgängerzone glänzt mit schönen Erkern und Holzbalkonen. Im Inneren der ***Basilica de Nuestra Señora del Pino** ist die Statue der »Hl. Jungfrau von der Kiefer« zu sehen, der Schutzpatronin Gran Canarias, der jedes Jahr am 8. September die größte Wallfahrt der Insel gilt.

Schräg gegenüber der Basilika stellt das **Museo de los Patronos de la Virgen** die prunkvolle Lebenswelt eines Adelsclans – der Manriques de Lara – zur Schau. Schon das restaurierte Herrenhaus mit seinem schönen Innenhof lohnt den Eintritt (Mo–Fr 11–16, So 10–14 Uhr). Erst-! klassig

Shopping

Auf dem Kirchplatz wird am Sonntagvormittag ein **Wochenmarkt** abgehalten, wo man z.B. die Wurstspezialität *Chorizo de Teror* probieren kann.

*Tejeda 14

Der nicht unverdient als schönstes Bergdorf der Insel gepriesene Ort liegt mitten im zentralen Bergland in eine fruchtbare Talsenke eingebettet. Im Februar verwandelt die Mandelbaumblüte die Gegend in eine besondere Augenweide. Überragt wird Tejeda vom ***Roque Bentaiga** (1412 m), einem weithin sichtbaren, gewaltigen Basaltblock. An seinem Fuß liegt das **Centro de**

Interpretación, von dem aus man den Felsen in 15–20 Minuten erklimmen kann. Der Berg war den Ureinwohnern der Insel heilig; ein in den felsigen Boden eingelassener Altar weist auf Opferrituale hin, und in den umliegenden Höhlen wurden an die 2000 Jahre alte Siedlungsspuren gefunden. Hinreißend schön ist der Ausblick vor allem im Abendlicht, wenn die weichen Konturen der hintereinander gestaffelten Tafelberge und Schluchten wie bei einem noch feuchten Aquarellbild ineinander fließen.

In dem hübsch herausgeputzten Ortskern geben zwei kleine Museen einen Einblick in die ländliche Kultur von anno dazumal. Im Haus der Touristeninformation macht eine Ausstellung mit dem grancanarischen Bildhauer Abraham Cárdenes Guerra (1907–1971) bekannt.

Infos

Oficina de Turismo

- Leocadio Cabrera, 2
- Tel. 928 66 61 89

Restaurant

Déjate Llevar ●

Trendige Salat- und Saftbar mit Lounge und schöner Terrasse. Mi–So 13–21 Uhr.

- Dr. Domingo Hernández Guerra, 25
- Tel. 928 66 62 81
- www.letmetakeu.com

Shopping

Erst-! klassig

In **Vega de San Mateo,** einem typischen Bergstädtchen, findet ein Landmarkt statt. Neben Obst, Kräutern und Gemüse gibt es lokale Käse- und Backspezialitäten (Sa 8–20, So 8–14.30 Uhr).

Ausflug nach **Artenara** 15

Unterhalb vom Cruz de Tedeja zweigt eine reizvolle Nebenstraße ab und führt zum Höhlendorf ***Artenara** (1250 m). In der höchstgelegenen Siedlung Gran Canarias sind viele Häuser in den weichen Tuffstein hineingebaut, so ist auch die kleine **Iglesia de la Virgen de la Cuevita** in einer Höhle untergebracht. Das Terrassenlokal **La Esquina** an der Kirche besticht durch das umwerfende Panorama auf die Berge, auch die Küche ist gut (So geschl.). Erst-! klassig

Die schönsten Aussichtsplätze

Erst-! klassig

- Auf Teneriffa hat man aus rund 3550 m Höhe eine faszinierende Aussicht in den urweltlich anmutenden Vulkankrater des **Pico Viejo** › S. 59.
- Vom **Mirador de Garachico** (Teneriffa) präsentiert sich das gleichnamige Landstädtchen aus der Vogelschau › S. 60.
- Die Fahrt auf den **Roque de los Muchachos** (La Palma) erlaubt einen tollen Panoramablick in eine der größten Calderas der Welt › S. 74.
- Nach einer kurzen Wanderung zum **Garajonay** liegt einem der beeindruckende Lorbeerwald von La Gomera zu Füßen › S. 87.
- Am Rande von El Hierros Hochland genießt man vom **Mirador de las Playas** die schwindelerregende Aussicht auf die 1000 m tiefer gelegene Küste › S. 94.
- Von der Dorfkirche in **Artenara** öffnet sich ein wunderbares Panorama auf den Roque Nublo im zerklüfteten Bergland von Gran Canaria › S. 111.

Fuerteventura

Das Beste!

- Im Freilichtmuseum von Tefia schlichte Bauernarchitektur bewundern › S. 115
- Von Ajuy zur schwarzen Höhlenbucht spazieren › S. 115
- Im Windsurfzentrum an der Playa Barca einen Einsteigerkurs belegen › S. 122
- Im schönsten Landgasthof der Insel in der alten Hauptstadt Betancuria einkehren › S. 121
- Eine ausgedehnte Strandwanderung auf der Halbinsel Jandía unternehmen › S. 116

› Karte S. 114

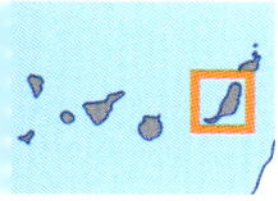

Karg und spröde im Inselinneren, dafür mit den längsten und schönsten Stränden des Archipels gesegnet, ist Fuerteventura ein Paradies für Sonnenanbeter.

Der spröde Charakter des Inselinneren reizt den »typischen« Urlauber kaum; er kommt aus einem ganz anderen Grund: Fuerteventura ist die Bade- und Surfinsel schlechthin – mit kilometerlangen goldgelben Sandstränden, die teils von wie aus der Sahara importierten Dünenkämmen eingefasst sind und der geografischen Breite alle Ehre machen. Hauptstrände auf der Halbinsel Jandía im Süden sind die Playas de Sotavento mit dem Badeort Costa Calma und die Playa del Matorral, die sich von Morro Jable bis Jandía Playa erstreckt. Völlig unverbaut sind die weitläufigen Strände an der Nordwestküste der Halbinsel, während sich im Nordosten an der Playa Barca dank besonderer Windverhältnisse das größte Wind- und Kitesurfzentrum Europas etablieren konnte.

Die durch einen schmalen Isthmus mit dem Hauptteil verbundene Halbinsel wird von einem mächtigen Bergzug ausgefüllt, dessen Flanken zum Meer hin schroff abfallen; höchste Erhebung und ein beliebtes Ziel für Wanderer ist der Pico de la Zarza (812 m).

Im Norden Fuerteventuras ist Corralejo die größte Ferienstadt, die vor allem mit den nahe gelegenen Dünenstränden punkten kann. Westlich vom umtriebigen Corralejo ist El Cotillo eine gute Ausweichmöglichkeit für mehr auf Ruhe bedachte Urlauber.

Südlich des Flughafens konzentriert sich der Tourismus in Caleta de Fuste, einer Retortenstadt ohne großes Flair. Golfer wissen hier zwei 18-Loch-Parcours zu schätzen.

Restaurierte Windmühle im Centro Molino de Antigua

Die Top-Strände auf Fuerteventura

Erst-! klassig

- Hohe Dünen rahmen die hellsandigen **Playas de Corralejo** ein › **S. 117.**
- Die kleinen Badebuchten der **Playas de los Lagos** sind auch für Kinder hervorragend geeignet › **S. 118.**
- An der **Playa del Matorral** suchen mitunter Tausende von Badegästen gleichzeitig Erfrischung – und trotzdem bietet sie genug Platz für alle › **S. 122.**
- An der **Playa Barca** kann man herrliche Strandwanderungen unternehmen und dabei die Surferszene auf dem Wasser beobachten › **S. 122.**
- Für Abwechslung zu den ansonsten hellen Sandstränden sorgt die **Playa de Ajuy** an der Westküste.
- Die unverbaute **Playa de Cofete** ist eine Augenweide – zum Baden ist die Brandung aber meist zu gefährlich › **S. 123.**

Lanzarote
Los Lobos
2 Casas El Puertito
El Río
0 10 km
N
Majanicho
1 Corralejo
17 19
269 Bayuyo
El Jable
19
Faro de El Tostón
Parque Natural de las Dunas de Corralejo
19
Playa de los Lagos
Lajares
Roque
5 Cueva del Llano
Villa Verde
El Cotillo 3
17
La Oliva
4
Caldereta
Tindaya
Vallebrón
El Time
6 Puerto del Rosario
Tetir
Los Molinos
Tefía
Playa Blanca
ATLANTISCHER OZEAN
Casillas del Angel
Llanos de la Concepción
La Ampuyenta
Playa de Santa Inés
Valle de Santa Inés
7
Triquivijate
17
Caleta de Fuste
8
Antigua
Las Salinas
Betancuria
Mirador Morro Velosa
Valles de Ortega
724 Betancuria
Caleta Negra
Ajuy
Vega de Río de las Palmas
Casillas de Morales
Pozo Negro
Tiscamanita
17
Tuineje
Pájara
Malpaís Grande
Tesejerague
Punta de la Entallada
Las Playitas
691 Cardón
Gran Tarajal
La Pared
Playa del Viejo Rey
Tarajalejo
La Lajita
Matas Blancas
9
Costa Calma
Istmo de la Pared
Playa Barca
Playa de Barlovento
18
Playa de Cofete
Pico de la Zarza 807
Playas de Sotavento 10
Esquinzo
13
Cofete
11
12
Playa del Matorral
Jandía
Morro Jable
Faro de Jandía
Punta de Jandía
18
Gran Canaria, Teneriffa

Touren in der Region

Tour 17 Auf der Windmühlenroute

Tour-Übersicht:

Verlauf: **Corralejo › Lajares › La Oliva › Tefia › Antigua › Tiscamanita › Pájara › Ajuy › Vega de Río de las Palmas › Betancuria › Mirador Morro de Velosa**

Dauer: 1 Tag; Fahrstrecke: 115 km

Praktische Hinweise:

- Die Tour durch das ländliche Fuerteventura empfiehlt sich Di–Sa, dann sind alle Museen offen.

Tour-Start:

Die Windmühlenroute beginnt in **Corralejo** › S. 117 und führt zuerst nach **Lajares,** wo am Ortsrand zwei Windmühlen stehen, mit denen früher Getreide gemahlen wurde.

In der alten Hauptstadt **La Oliva** › S. 118 macht das **Museo del Grano** (derzeit geschl.) mit der einstigen bäuerlichen Kultur bekannt. Ein Highlight der Route ist das der traditionellen Bauernarchitektur gewidmete Freilichtmuseum ***Ecomuseo de la Alcogida** südlich von **Tefia.** Hier wurden acht alte Bruchsteinhäuser behutsam restauriert, die auch von innen besichtigt werden können (Di–Sa 10–18 Uhr).

Am nördlichen Rand von **Antigua** entstand mit EU-Mitteln das **Centro Molino de Antigua.** Die halb verfallene Windmühle wurde wieder instand gesetzt und ein kleiner botanischer Garten mit endemischer Inselflora angelegt (Di–Fr, So 9.30–17.30 Uhr, Mo, Sa geschl.).

Im benachbarten **Tiscamanita** informiert ein kleines Museum über das alte Müllerhandwerk.

Pájara ist vor allem durch die auf das 17. Jh. zurückgehende Pfarrkirche **Nuestra Señora de Regla** bekannt. Über dem Hauptportal verblüffen Steinmetzarbeiten mit aztekischen Stilelementen. In ***Ajuy** an der Westküste beginnt ein reizvoller Spazierweg zu den imposanten Höhlen in der ***Caleta Negra.** Auf dem viel genutzten Weg steigt man zunächst die bizarren Kalk-

Touren auf Fuerteventura

klippen hinauf, etwa 10 Minuten später kann man auf einer Treppe in die Höhle am Meer absteigen.

Nach einer eventuellen Rast im Restaurant Jaula de Oro geht es von Ajuy zurück nach Pájara. Von dort windet sich die Straße in die schroffe Bergwelt des Zentralmassivs und hinab in ein von einem Palmenhain durchzogenes Tal, nach dem der Ort **Vega de Río de las Palmas** benannt wurde.

Über die alte Hauptstadt ****Betancuria** › **S. 121** mit weiterer guter Einkehrmöglichkeit und den ***Mirador Morro de Velosa** › **S. 121** geht es zurück in den Norden der Insel.

Tour 18 Strandwandern: Die Halbinsel Jandía

Tour-Übersicht:

Verlauf: **Faro de Jandía › Esquinzo › Playa Barca › Costa Calma**

Dauer: 1 Tag

Praktische Hinweise:

- Für die ca. 22 km lange Wanderung sind 5–6 Std. Gehzeit einzuplanen.
- Will man die Wanderung verkürzen, hat man Busanschlüsse in Esquinzo und Playa Barca.
- Der Bus in Costa Calma hält am Kreisverkehr vor dem Hotel Fuerteventura Playa.

Tour-Start:

Erst-! klassig

Nirgendwo sonst auf den Kanaren kann man eine so lange Strandwanderung unternehmen wie auf der Halbinsel Jandía – je nach Belieben sogar nur mit Badedress und Sonnenhut bekleidet; bis auf einige kurze, steinige Abschnitte ist die ganze Strecke von **Morro Jable** › **S. 123** bis **Costa Calma** › **S. 121** barfuß zurückzulegen. Ein sehr beliebter Einstieg ist der **Faro de Jandía,** einkehren können Sie in einem der Strandpavillons in **Esquinzo** und an der **Playa Barca** › **S. 122.**

Tour 19 Mountainbiketour: Nach El Cotillo

Tour-Übersicht:

Verlauf: **Corralejo › Majanicho › Punta de Tostón › Playa de los Lagos › El Cotillo › Lajares › Corralejo**

Dauer: 1 Tag; Fahrstrecke: 50 km

Praktische Hinweise:

- Auf der teils sandigen Piste zwischen Corralejo und dem Leuchtturm muss man an einigen Stellen eventuell schieben.

Tour-Start:

Von **Corralejo** › **S. 117** nach **El Cotillo** › **S. 118** führt an der bislang unverbauten Nordküste eine raue Piste entlang. Sie beginnt an der Avenida Juan Carlos I in Corralejo, ca. 150 m unterhalb vom Busbahnhof, und läuft zunächst an einer Meerwasserentsalzungsanlage vorbei. Erstes Etappenziel ist die Sommersiedlung **Majanicho,** wo man einen geschützten kleinen Strand besuchen kann. Vorbei an einigen Lavabuchten hält der Weg direkt auf die beiden

Leuchttürme an der **Punta de Tostón** zu. Hier beginnt die Straße nach El Cotillo. Auf dem Weg dorthin bietet sich ein Badeaufenthalt in einer der feinsandigen Lagunen der **Playas de los Lagos** an. In **El Cotillo** angekommen, laden am alten Schiffsanleger Fischlokale zur Rast ein.

Zurück geht es auf der Straße zunächst nach **Lajares.** Man passiert den Ort (an der Straße gibt es etliche Handarbeitsläden) und biegt nach etwa 5 km links in die FV-101 nach **Corralejo** ein.

Die Playa Corralejo Viejo

Unterwegs auf Fuerteventura

Corralejo 1

Corralejo an der Nordküste profitiert von den pulverfeinen hellen Sandstränden. In dem vom kleinen Fischerdorf zur Ferienstadt mutierten Ort fühlt sich vor allem ein junges Publikum mit sportlichen Ambitionen wohl. Die Avenida Nuestra Señora del Carmen hat sich zu einer Flaniermeile mit Restaurants, Boutiquen und Surfshops entwickelt. Nach Lanzarote, in Sichtweite, besteht eine gute Fähranbindung.

Südöstlich von Corralejo türmen sich beiderseits der Küstenstraße imposante haushohe Sandverwehungen auf. Die einzigartige Dünenlandschaft **El Jable steht unter Naturschutz und läuft in kilometerlange Strände aus.

Erst-klassig

Die **Playas de Corralejo** gelten unter Surfern als eines der besten Starkwindreviere Europas. Eine Surfschule mit Brettverleih liegt nordwestlich des Hotels Tres Islas (**Flag Beach Windsurf Center,** Tel. 928 86 63 89, www.flagbeach.com).

Infos

Oficina de Turismo
- Avenida Marítima, 2
- Tel. 928 86 62 35
- www.corralejograndesplayas.com

Verkehr

- **Schiffsverbindungen:** Playa Blanca/Lanzarote; tgl. nach Los Lobos.
- **Busverbindungen:** Puerto del Rosario und El Cotillo.

Hotels

Gran Hotel Atlantis Bahía Real ●●●
Das luxuriöseste Haus am Platz, mit tollem Spa-Center.
- Avenida Grandes Playas
- Tel. 928 53 64 44
- www.bahiarealresort.com

› Karte S. 114

Riu Palace Tres Islas ●●●
Alleinlage in den Dünen; 372 komfortable Zimmer, 3 km vom Zentrum.
▮ Playa de Corralejo | Tel. 928 53 57 00
▮ www.riu.com

Restaurant

El Sombrero ●●
Beliebte Gastronomie mit eidgenössischen Wurzeln. Mi Ruhetag.
▮ Avenida Maritíma, 4
▮ Tel. 928 86 75 31

Nightlife

Wer die Nacht zum Tag machen will, kann in den Bars im Centro Comercial Atlántico und im Strandclub **Waikiki** in die quirlige Szene eintauchen.

Ausflug nach **Los Lobos** 2

Vom Hafen von Corralejo setzen Ausflugsschiffe nach Los Lobos über. Die als Naturpark ausgewiesene, nur 6 km² große Insel lässt sich auf einem zweistündigen Rundweg erwandern. Winzige Lagunen im Südosten und wie von Hand aufgeschüttete *hornitos* (»Öfchen«, d.h. kleine Schlote, aus denen während der vulkanisch aktiven Phase Wasserdampf entwich) erwecken den Eindruck einer Miniaturlandschaft.

El Cotillo 3

Das ehemalige Fischerdorf an der Nordwestküste ist längst kein Geheimtipp mehr; trotzdem fühlt sich hier noch wohl, wer auf den Rummel eines umtriebigen Ferienortes bewusst verzichten möchte. Wahrzeichen des Dorfes ist der **Torre de El Tostón**, ein alter Piratenausguck aus dem 18. Jh., in dem heute ein kleines Informationsbüro Platz gefunden hat. Die **Playa del Aljibe de la Cueva** südlich davon ist ein Hotspot der Windsurfer.

An der sonst so wellengepeitschten Nordwestküste nehmen sich die **Playas de los Lagos** im Norden von El Cotillo meist ausgesprochen kinderfreundlich aus. Im **Leuchtturm** in der nördlichsten Inselecke ist ein Fischereimuseum, im Eintrittspreis eingeschlossen ist die Besteigung des Turms (Mo–Sa 10–18 Uhr). **Erst-! klassig**

Hotels

Cotillo Sunset ●●
34 geräumige Studios und Apartments direkt am Strand, ideal für Familien. Man sollte nach einem etwas teureren Apartment mit Meerblick fragen.
▮ Avenida Los Lagos | Tel. 928 17 50 65
▮ www.cotillosunset.com

Apartamentos Juan Benítez ●–●●
Gut ausgestattete Ferienwohnungen am südlichen Ortsrand, wahlweise mit und ohne Meerblick. **Erst-! klassig**
▮ La Caleta, 4 | Tel. 928 53 85 03
▮ www.apartamentosjbenitez.com

Restaurant

La Vaca Azul ●●
Gutes, nicht allzu teures Seafood-Lokal mit schöner Terrasse.
▮ Calle Requeña, 9 (Muelle Viejo)
▮ Tel. 928 53 86 85

La Oliva 4

Das Verwaltungszentrum des Inselnordens war früher 150 Jahre lang Sitz des Militärregiments. Von der einstigen Bedeutung zeugt die ***Casa de los Coroneles,** die Ende des 18. Jhs. im spanischen Kolonialstil als Residenz der Obersten erbaut wurde. Der Öffentlichkeit steht es als Kulturzentrum und zu Ausstellungen offen (www.lacasadeloscoroneles.org, Di–So 10–18 Uhr).

Aus dem 18. Jh. stammt die Pfarrkirche **Nuestra Señora de Candelaria,** die mit ihrem aus Lavaquadern erbauten Glockenturm das Ortsbild beherrscht. Unweit davon beherbergt die **Casa Mané**, ein restauriertes Herrenhaus, das **Centro de Arte Canario.** Zeitgenössische Kunst wird hier ausgestellt (www.centrodeartecanario.com, Mo–Fr 10–17, Sa 10–14 Uhr).

Ausflug zur
Cueva del Llano 5

Am Nordrand von **Villa Verde** lohnt ein Besuch der ***Cueva del Llano.** Vom in die Erde eingelassenen Informationszentrum kann man – mit Stirnlampe und Schutzhelm ausgerüstet – ein Stück der Höhle erkunden. Betreten werden darf allerdings nur der vordere Teil, denn im hinteren Bereich lebt u.a. eine vom Aussterben bedrohte Spinnenart, die vermutlich nirgends sonst auf der Welt vorkommt (Di–Sa 10–18, letzter Einlass 17.15 Uhr).

Puerto del Rosario 6

Die Inselhauptstadt (35 000 Einw.) an der Ostküste verdankt ihre Existenz dem geschützten Naturhafen, der als Puerto de Cabras schon im 15. Jh. auf den Inselkarten eingetragen war. Fremde verirren sich kaum in die Stadt mit dem Charme einer schläfrigen Verwaltungsmetropole.

Doch wer sich für Kunst moderne Kunst interessiert, findet hier nicht nur das **Centro Arte Juan Ismael** (Di–So 10–13, 17–21 Uhr), in dem in Wechselausstellungen vornehmlich kanarische Künstler vorgestellt werden, es gibt auch einen über die ganze Innenstadt verteilten viel beachteten **Skulpturenpark** mit rund 100 aus einem Bildhauersymposium hervorgegangenen Arbeiten (Standorte im Flyer eingetragen, im Touristenbüro erhältlich).

Einen Besuch wert ist die gegenüber der Pfarrkirche Nuestra Señora del Rosario gelegene **Casa Museo Unamuno** (Tel. 928 86 23 76, Mo–Fr 9–14, Sa 10–13 Uhr, Eintritt frei). Das Museum in einem liebevoll

Casa de los Coroneles in La Oliva

hergerichteten Stadthaus ist dem spanischen Philosophen Miguel de Unamuno (1864–1936) gewidmet, der 1924 wegen seiner kritischen Einstellung zum Militärregime von Primo de Rivera kurzerhand seines Amtes als Rektor der Universität von Salamanca enthoben und auf die damals zivilisationsferne Insel Fuerteventura verbannt wurde.

Infos

Patronato de Turismo

- Avenida Marítima, s/n
- Tel. 928 85 01 10
- www.visitfuerteventura.es

Verkehr

Busverbindungen: Tgl. in alle größeren Orte ab Avenida de la Constitución/Ecke Calle León y Castillo.

Die Playas de Sotavento

Restaurant

El Cangrejo Colorao ●–●●
Fischlokal direkt am Meer nahe des Centro Arte. Mo Ruhetag.

- Calle Juan Ramón Jimenez, 2
- Tel. 928 85 84 77

Caleta de Fuste 7

Das drittgrößte Ferienzentrum der Insel liegt nur ca. 7 km südlich vom Airport und ist vom Fluglärm nicht ganz unbehelligt. Bis auf einen heute in eine Ferienanlage integrierten alten Festungsturm entstand die Hotelstadt samt zwei zugehörigen 18-Loch-Golfplätzen am Reißbrett. Atmosphäre hat lediglich der moderne Jachthafen, der zu den beliebtesten Ankerplätzen der Insel zählt. An der durch eine Mole geschützten hellsandigen **Playa del Castillo** lässt sich dennoch ein geruhsamer Familienurlaub verbringen. Surf- und Tauchstationen sind vorhanden.

Erst-! klassig

Verkehr

Busverbindungen: Nach Morro Jable und Puerto del Rosario (stdl.).

Hotel

Castillo Beach Resort ●●
Gelungene Bungalowanlage am Jachthafen; mit komplettem Unterhaltungs-, Sport- und Wellnessangebot.

- Caleta de Fuste
- Tel. 928 16 31 00
- www.barcelo.com

Restaurant

Frasquita ●●
Bekanntes Fischlokal, direkt am Strand.

- Playa del Castillo | Tel. 928 58 69 98

**Betancuria 8

Die alte Hauptstadt ist die vielleicht größte Attraktion, die Fuerteventura abseits der Strände zu bieten hat. Der 1405 vom Eroberer Béthencourt gegründete Ort wirkt, als ob die Zeit nach der Conquista stehen geblieben sei. Die **Iglesia Santa María de Betancuria** (Mo–Sa 10–12.30, 13–15.50 Uhr), in der derzeit auch das Kirchenmuseum untergebracht ist, bildet den Mittelpunkt. Das **Museo de Betancuria** an der Hauptstraße besitzt eine kleine, aber feine Sammlung präspanischer Fundstücke (Di–Sa 10–18 Uhr).

Direkt am Kirchplatz des Ortes findet sich mit der **Casa Santa María** das unbestritten schönste Insellokal. Es verwöhnt mit lauschigem Ambiente und inseltypischer Küche (Tel. 928 87 82 82, www.casasantamaria.net, So Ruhetag, ●●●). Zum Gutshof gehören darüber hinaus eine interessante Kunsthandwerksausstellung und ein kleiner Laden mit kulinarischen Spezialitäten.

Erst-! klassig

Nördlich von Betancuria steigt die Straße in engen Serpentinen zur Passhöhe Morro de la Cruz (676 m) an; vom dort gelegenen Panoramalokal **Mirador de Morro de Velosa** eröffnet sich einer der großartigsten Inselrundblicke.

Erst-! klassig

Costa Calma 9

Die »stille Küste« ist eine künstlich aus dem Boden gestampfte Siedlung. Sie wirkt noch etwas unfertig; zwischen den weit auseinander gezogenen Resorts und Einkaufszentren liegt so manches Stück Ödland. Als planerischer Glücksgriff erwies sich die beiderseits der Hauptstraße mit geklärtem Nutzwasser der Hotels aufgeforstete Zone, die üppig grünt und die Ferienanlagen vom Durchgangsverkehr abschirmt.

Verkehr

Busverbindungen: Costa Calma–Puerto del Rosario bzw. Morro Jable tgl.

Hotels

Risco del Gato ●●●
Extravagantes Bungalowhotel in großer Gartenanlage mit Feinschmeckerlokal.
- Calle Sicasumbre, 2 | Tel. 928 54 71 75
- www.vikhotels.com

Fuerteventura Playa ●●●
Familienfreundliches All-inclusive-Resort am Strand, 300 Zimmer auf drei Etagen.
- Avenida Jahn Reisen, 1
- Tel. 928 54 73 44
- www.sunandbeachhotels.com

Restaurant

Fuerte Action ●
Szenetreff mit Surfburgern, Cocktails und Surfvideos.
- Centro Comercial El Palmeral
- Tel. 928 87 51 26
- www.fuerte-action-bar.com

**Playas de Sotavento 10

9

Die hellen Sandstrände der Playas de Sotavento säumen beinahe die gesamte Ostküste der Halbinsel Jandía. Einer der schönsten Strandabschnitte beginnt an der imposanten haushohen Wanderdüne **Risco del Paso.** Von hier verläuft eine 4 km lange, teils nur wenige Meter breite Nehrung bis zur **Playa Barca** und lädt zu einer herrlichen Strandwanderung ein. Die abgetrennte Flachwasserlagune bildet bei Flut ein überdimensionales Planschbecken für Groß und Klein, bei Ebbe hinterlässt sie ein nur knietiefes, wattähnliches Biotop.

Die Playa Barca ist Toprevier der Windsurfer, das Surfhotel Los Gorriones (www.melia.com) und die größte Surfschule der Kanaren **(Pro Center René Egli,** www.rene-egli.com › **S. 19**) liefern die Infrastruktur.

Jandía 11

Der Ferienort auf der Halbinsel gleichen Namens ist das urbane Zentrum eines der besten Strandreviere in ganz Europa. Gewachsene Strukturen dürfen allerdings nicht erwartet werden, zu beiden Seiten der großzügig angelegten Durchgangsstraße machen sich teils monströse Hotelkomplexe und Shoppingzentren breit.

Mekka der Strandurlauber ist die ***Playa del Matorral,** die an der Ostküste der Halbinsel nahtlos in die Playa de Butihondo und Playas de Sotavento übergeht. Der Strand erstreckt sich vom Leuchtturm Jandía auf einer Länge von gut 20 km bis zur Costa Calma – für Strandwanderer also beste Bedingungen.

Infos

Oficina de Turismo

- Im Cosmo Shopping Center
- Tel. 928 54 07 76

Hotels

Riu Palace Jandía ●●●

Futuristischer Bau mit 200 eleganten Zimmern; Gesundheits- und Schönheitszentrum, Themenrestaurant und Showcooking.

- Tel. 928 54 03 70 | www.riu.com

Das ehemalige Fischerdorf Morro Jable

Hotel Stella Jandía ●●–●●●
Weitläufige Ferienanlage mit Hotels, Bungalows und Villen. Miniclub, Tierpark.
- Avenida El Saladar, 23
- Tel. 928 87 33 99
- www.stellacanaris.es

Ocean World ●●
Kleines, bei Tauchern beliebtes Aparthotel, 17 Studios für max. drei Personen.
- Calle Flamenco, 2
- Tel. 928 54 03 24
- www.oceanworld-hotels.com

Restaurants

Marabú ●●●
Auf der Gartenterrasse genießt man zartes Milchlamm oder Schwertfischsteak in Pfefferkruste. So geschl.
- Fuente de Hija, s/n | Esquinzo (beim Robinson Club Esquinzo Playa)
- Tel. 928 54 40 98
- www.e-marabu.com

Coronado ●●
Gepflegtes Abendlokal in gleichnamiger Apartmentanlage, internationale Küche.
- El Sol, 14 | Tel. 928 54 11 74
- www.restaurantecoronado.com

Morro Jable 12

Vor seiner touristischen Entdeckung war Morro Jable ein verschlafenes Fischerdorf, das bis in die 1970er-Jahre hinein nur über eine staubige Piste zu erreichen war. Heute staut sich in den engen Gassen der Verkehr mitunter zu langen Schlangen, und an der Promenade am Wasser reiht sich ein Fischlokal ans andere – wer südländisches Flair sucht, wird hier bedient.

Verkehr

Busverbindungen: Nach Puerto del Rosario (mehrmals tgl.) und Costa Calma (stdl.).

Hotel

Casablanca ●●
Geschmackvoll eingerichtete Apartments in aussichtsreicher Hanglage. Besonders schön: das Duplex-Penthouse mit Platz für bis zu vier Personen.
- Avenida del Faro, 6 | Tel. 928 54 17 44
- www.apartamentos-casablanca.com

Restaurant

La Farola del Mar ●●
Fischlokal am Westende der Promenade, mit Terrasse am Meer; auch vegetarisch.
- Peatonal La Chalana
- Tel. 928 54 08 34

Cofete 13

Der Weiler Cofete an der Nordküste der Halbinsel Jandía erscheint wie der letzte Außenposten der Zivilisation und ist nur über eine holprige Staubpiste erreichbar.

Überwältigend ist der Panoramablick auf den traumhaften Strand **Playa de Cofete – kein einziges Hotel verschandelt den unter Naturschutz gestellten Küstenstrich. Der hohe Wellengang verhindert ein gefahrloses Baden, Strandwanderer und Naturfreunde können dafür eines der letzten unberührten Paradiese der Insel genießen. Erst-! klassig

Restaurant

Bar Cofete ●
Urige Bar, einfache deftige Landküche.
- Tel. 928 17 42 43

Lanzarote

Das Beste!

- In einem Fischlokal in El Golfo zuschauen, wie die Sonne ins Meer abtaucht › S. 130
- Auf der Uferpromenade in Playa Blanca zur Marina Rubicón bummeln › S. 131
- In den Lavagrotten von Jameos del Agua nach winzigen Albinokrebsen Ausschau halten › S. 135
- Vom Mirador del Río das Famarakliff hinabblicken › S. 127
- Zur kleinen Schwesterinsel La Graciosa mit dem Linienboot übersetzen › S. 128

Ein prominenter Universalkünstler als Heimatpfleger hat die eigenwilligste der Kanaren nachhaltig geprägt – durch eine faszinierende Mischung aus Natur und Kunst.

Die »Feuerinsel« kann ihren vulkanischen Ursprung nicht verleugnen – durch eine Eruptionsserie im 18. Jh. versanken weite Teile der Insel in Schutt und Asche, noch heute ähnelt sie einer Mondlandschaft. Doch der Vulkanismus ist nur ein Aspekt, dem Lanzarote die Popularität verdankt. Daneben machte César Manrique seine Heimatinsel zu einer faszinierenden Symbiose aus Kunst und Natur.

Natürlich ziehen auch die feinen Sandstrände Touristen aus halb Europa an. An der Ost- und Südküste entstanden drei große Badeorte. Am quirligsten geht es in Puerto del Carmen zu, Costa Teguise mit gutem Sportangebot erweist sich als etwas ruhiger. Zunehmende Bedeutung gewinnt Playa Blanca an der sonnensicheren Südküste, die mit den Papagayo-Stränden einen der schönsten Küstenabschnitte der Kanaren zu bieten hat.

Auf Lanzarote lassen sich Badeferien auf angenehme Art mit Naturerlebnis und Kulturgenuss verbinden – das macht die Anziehungskraft der 1994 von der UNESCO zum Biosphärenreservat erklärten Insel aus. Dazu wird sportliche Aktivität großgeschrieben: Gleitschirmfliegen, Windsurfen, Tauchen, Rennradfahren und Mountainbiken. Wanderungen durch die Vulkanlandschaft und zu aufgerissenen Kratern werden immer beliebter.

Touren in der Region

Tour 20 Auf den Spuren von César Manrique

Tour-Übersicht:

Verlauf: **Monumento al Campesino › Tahiche › Guatiza › Arrieta › Jameos del Agua › Mirador del Río › Haría › Teguise**

Dauer: 1 Tag; Fahrstrecke: 55 km

Praktische Hinweise:

- Angesichts der hochkarätigen Sehenswürdigkeiten empfiehlt es sich, die Tour auf 2 Tage zu verteilen.
- Die Entfernungen sind relativ kurz, sodass man nach dem 1. Tag wieder ins Quartier zurückkehren kann.

Finca im Weinanbaugebiet La Geria

Alegranza
Parque Natural de los Islotes del Norte de Lanzarote y Riscos de Famara
Montaña Clara
Playa de las Conchas
Pedro Barba
La Graciosa
Caleta del Sebo
Órzola
Mirador del Río
Yé
Jameos del Agua
Cueva de los Verdes
Máguez
ATLANTISCHER OZEAN
Haría
Arrieta
Tabayesco
Mala
Urbanización Famara
La Caleta
Guatiza
Los Valles
El Mojón
La Santa
Sóo
Teseguite
Teguise
Tinajo
Tiagua
Tahiche
Costa Teguise
Mozaga
Fundación César Manrique
Mancha Blanca
Monumento al Campesino
San Bartolomé
Arrecife
Masdache
Islote de Hilario
Güime
Parque Nacional de Timanfaya
La Asomada
Tías
Gran Canaria, Teneriffa
Echadero de los Camellos
La Geria
Macher
Uga
El Golfo
Puerto del Carmen
Yaiza
Atalaya de Femés 608
Puerto Calero
Playa Quemada
Salinas de Janubio
Femés
Playa Blanca
Papagayo-Strände
Punta del Papagayo
Punta Pechiguera
Fuerteventura
N
0
10 km

Tour-Start:

César Manrique (1919–1992) hinterließ Lanzarote viele herausragende Sehenswürdigkeiten. Die Spurensuche zu seinen wichtigsten Werken startet im Zentrum der Insel, das vom ***Monumento al Campesino** › S. 133 überragt wird. In **Tahiche** ist das extravagante Privathaus des Künstlers zu besichtigen, in dem die ****Fundación César Manrique** › S. 133 untergebracht ist.

Erst-! klassig

In **Guatiza** legte Manrique in einem von Feigenkakteen vereinnahmten Landstrich, der früher ein Zentrum der Schildlauszucht war, den Jardín de Cactus an. Eine pittoreske Windmühle überragt den Kakteengarten, in dem über 1400 verschiedene Arten der stachligen Gewächse bestaunt werden können (tgl. 10–19, im Winter bis 18 Uhr).

Über das wegen seiner guten Fischlokale bekannte **Arrieta** erreicht man die spektakulär ausgestalteten Lavagrotten ****Jameos del Agua** › S. 135, von dort windet sich ein Bergsträßchen zum ***Mirador del Río** hinauf. Von dem ehemaligen Militärposten bietet sich ein spektakulärer Ausblick auf die vorgelagerten Inseln La Graciosa, Montaña Clara und Alegranza. Das am Rande des Famarakliffs klebende Aussichtslokal (tgl. 10–18 Uhr) gilt als Meisterwerk des Künstlers.

Die Rundfahrt klingt mit einem Spaziergang durch das Palmendorf **Haría** › S. 135 aus. Auf dem dortigen Friedhof fand der 1992 mit dem Auto verunglückte Manrique seine letzte Ruhestätte. Über die alte Hauptstadt **Teguise** › S. 133 kommt man zum Ausgangspunkt zurück.

Tour 21 Durch die Feuerberge

Tour-Übersicht:

Verlauf: **Mancha Blanca › Islote de Hilario › Echadero de los Camellos › Yaiza**

Dauer: ½ Tag

Praktische Hinweise:

- Die Feuerberge zeigen sich morgens und am späten Nachmittag im besten (Foto-)Licht.

Tour-Start:

Die Tour in den **Nationalpark Timanfaya** › S. 132 macht mit der wohl faszinierendsten Vulkanlandschaft im Archipel bekannt. Vom Besucher-

Touren auf Lanzarote

Tour 20 Auf den Spuren von César Manrique
Monumento al Campesino › Tahiche › Guatiza › Arrieta › Jameos del Agua › Mirador del Río › Haría › Teguise

Tour 21 Durch die Feuerberge
Mancha Blanca › Islote de Hilario › Echadero de los Camellos › Yaiza

Tour 22 Auf die Nachbarinsel La Graciosa
Órzola › Caleta del Sebo › Playa de las Conchas

› Karte S. 126

zentrum **Mancha Blanca** aus erreicht man auf der LZ-67 das Kassenhaus des Schutzgebiets. Am **Islote de Hilario** endet der private Verkehr; eine 45-minütige Bustour erschließt die ausgebrannte Vulkanlandschaft der Feuerberge – aufgerissene Vulkankegel, Lavaseen und eingestürzte Lavatunnel erinnern an eine Mondlandschaft. Nach der Rundtour kann man im von Manrique gestalteten **Restaurante El Diablo** essen.

Zurück auf der LZ-67 besteht in Richtung Yaiza die Möglichkeit, am **Echadero de los Camellos** einen Ausritt auf einem Dromedar durch die Feuerberge zu machen (ca. 30 Min., 9.30–13 Uhr). Ein guter Landgasthof findet sich im Dorf **Yaiza** › **S. 130**.

Tour 22 Auf die Nachbarinsel La Graciosa

Tour-Übersicht:

Verlauf: **Órzola › Caleta del Sebo › Playa de las Conchas**

Dauer: 1 Tag

Praktische Hinweise:

- Sofern eine Wanderung zu einem der Strände geplant ist, empfiehlt es sich, in Órzola das Frühboot zu nehmen.
- In Caleta del Sebo legt das letzte Boot um 18.30 Uhr ab.

Tour-Start:

Von **Órzola** im äußersten Norden von Lanzarote setzen mehrmals täglich Linienboote nach La Graciosa über; die Überfahrt zur kleinen Nachbarinsel dauert nur rund 20 Minuten.

Die einzige ständig bewohnte Siedlung ist **Caleta del Sebo,** die »Talgbucht«, mit etwa 700 Einwohnern. Kubische Häuserwürfel und versandete Straßen verleihen dem Hafenort ein fast nordafrikanisches Flair. Von Caleta del Sebo kommt der einsame Wanderer auf sandigen Pisten zu Fuß oder per Mountainbike (kann vor Ort ausgeliehen werden) zu den unberührten Stränden im Süden oder quer über die Insel zur ***Playa de las Conchas.**

Erst-! klassig

Unterwegs auf Lanzarote

Arrecife 1

Die wichtigsten Anlaufpunkte in der Inselhauptstadt (57 000 Einw.) sind zwei zum Schutz vor Piratenangriffen errichtete Festungen. Das 400 Jahre alte **Castillo de San Gabriel** thront auf einem dem Stadtzentrum vorgelagerten Inselchen; ein Damm und die pittoreske Zugbrücke **Puente de las Bolas** (Kugelbrücke) – das Wahrzeichen Arrecifes – verbinden das Kastell mit dem Festland. In dem altehrwürdigen Gemäuer finden wechselnde Ausstellungen statt (tgl. 9–13, 14–19 Uhr).

Die Küstenstraße führt zum oberhalb des Hafens gelegenen **Castillo de San José.** Der beeindruckende Festungsbau aus dem 18. Jh. beherbergt heute das ***Museo Internacional de Arte Contemporáneo.** Das Forum für zeitgenössische Kunst zeigt wichtige Stilrichtungen abstrakter Kunst. Es wurde auf Anregung von César Manrique eingerichtet und enthält auch einige seiner eigenen Werke (tgl. 10–20, im Sommer bis 21 Uhr, Eintritt frei).

Infos

Patronato del Turismo

- Blas Cabrera Felipe, s/n
- Tel. 928 81 17 62
- www.turismolanzarote.com

Hotels

Gran Hotel Arrecife ●●●

Das vierzehnstöckige Hochhaus präsentiert sich nach kompletter Sanierung in neuer Eleganz.

- Parque Islas Canarias
- Tel. 928 80 00 00
- www.aghotelspa.com

Miramar ●–●●

Direkt gegenüber vom Kastell San Gabriel; mit hübschem Dachgarten und Meerblick.

- Avenida Coll, 2
- Tel. 928 81 26 00
- www.hmiramar.com

Restaurant

Castillo de San José ●●●

Das von César Manrique konzipierte Nobellokal serviert spanische und internationale Küche.

- Tel. 928 81 23 21

Puerto del Carmen 2

Puerto del Carmen ist eine typische Touristenstadt, die vom Bonus ihrer feinsandigen Strände lebt. An der 8 km langen Avenida de las Playas stehen Unterkünfte für mehr als 30 000 Gäste bereit. Dutzende von Restaurants und Einkaufszentren machen die Infrastruktur perfekt. An der quirligen Küstenstraße wetteifern Diskos, Spielsalons und Karaoke-Bars um Kundschaft.

Nicht weit entfernt, im Jachthafen **Puerto Calero** westlich von Puerto del Carmen, kann man auf der Mole bummelnd schicke Boote bestaunen und in eines der Terrassenlokale einkehren.

Infos

Oficina de Turismo

- Avenida de las Playas, s/n
- Tel. 928 51 33 51

Zugbrücke und Kastell in Arrecife

› Karte S. 126

Hotels

Los Fariones ●●–●●●
Großes Aparthotel in ruhiger Lage, gemütliche Zimmer, exotischer Garten.
- Calle Roque del Este, 1
- Tel. 928 51 01 75
- www.farioneshotels.com

Playamar ●
Beliebte Apartments in Strandnähe unter deutscher Leitung, mit einem oder zwei Schlafräumen; viele Stammgäste.
- Calle Doramas, 13
- Tel. 928 51 00 70
- www.apartamentosplayamar.com

Restaurants

Tamarindos ●●
Gut und gesund: vegetarische Vollwertkost im anthroposophischen Zentrum. Reservierung erbeten.
- Salinas, 12 | Tel. 928 51 28 42

Casa del Parmigiano ●–●●
Guter Italiener mit leckerer Pizza aus dem Holzofen und großer Auswahl an Pasta-Gerichten.
- Calle Alegranza 1
- Tel. 928 51 27 31

La Lonja ●●
Stimmungsvolles Hafenlokal; mit Tapas-Bar.
- Calle Varadero
- Tel. 928 51 13 77

Nightlife

Hotspots sind die Clubs und Diskotheken im **Centro Atlántico** und **Centro Columbus** (beide Avenida de las Playas). Ein weiterer beliebter Treff auf ein Bier oder Tapas ist **La Lonja**, die alte Fischhalle am Hafen (Calle Varadero).

Ausflug nach *La Geria 3

Auf der Weinstraße La Geria › **S. 42** zwischen Mozaga und Uga bezaubert die faszinierende Mischung aus Kulturlandschaft und Natur. In unzähligen trichterförmigen, durch kleine Steinwälle vor dem Wind geschützten Mulden reifen auf pechschwarzer Lavaerde die Trauben heran. Marktführer unter den exzellenten Lanzarote-Weinen › **S. 42** sind die der **Bodegas El Grifo** in Masdache (mit Weinmuseum).

Erst-! klassig

*Yaiza 4

Der schmucke Ort kann mit einer besonderen Auszeichnung aufwarten: Er wurde schon mehrfach zum schönsten Dorf Spaniens gekürt. Die Häuser sind im Stil der traditionellen Landarchitektur gehalten, Bougainvilleen, Hibisken und Palmen unterstreichen den gepflegten Eindruck. Die Pfarrkirche **Nuestra Señora de los Remedios** wurde im 18. Jh. nach einem Vulkanausbruch wieder aufgebaut. Die Ausstellungen in der **Casa de Cultura** widmen sich den bedeutendsten Malern der Insel (Mo–Fr 9–13, 17–19 Uhr).

Westlich von Yaiza liegt am Fuß des Halbkraters ***El Golfo** eine smaragdgrüne Lagune, die sich vor der von Tuffsträngen durchzogenen Kraterwand wie eine Filmkulisse gibt. In den beliebten Fischlokalen des Ortes sitzt man direkt am Meer.

Hotel

Hotelito del Golfo ●
Kleine Familienpension mit nur fünf Doppelzimmern und Minipool.

Erst-! klassig

- El Golfo | Avenida Marítima, 6
- Tel. 928 17 32 72
- www.hotelitodelgolfo.com

Restaurants

Placido ●●

Einfaches Fischlokal am Wasser; vor allem bei Sonnenuntergang beliebt.

- El Golfo | Avenida Marítima, 38
- Tel. 928 17 33 02

El Campo ●

Der große Landgasthof am südlichen Ortsausgang ist auf Gerichte vom Grill spezialisiert.

- Carretera General | Tel. 928 83 03 44

Shopping

In der **Galería Yaiza,** einer von Deutschen geführten Kunstgalerie am Ortsausgang Richtung Playa Blanca, können Gemälde, Schmuck und Keramik erstanden werden (Mo–Sa 17–19 Uhr).

Playa Blanca 5

Der weitläufige Badeort **Playa Blanca** an der Südküste verdankt den sonnensicheren Stränden seine Beliebtheit. Die lange Promenade führt vom Fährhafen ins hübsch gestaltete Viertel **Marina Rubicón** mit Jachthafen.

Die ***Papagayo-Strände** weiter östlich wurden als Naturpark ausgewiesen und somit vor Bebauung bewahrt; sie sind ideal zum Baden für Kinder (Zufahrt kostenpflichtig).

Verkehr

- **Schiffsverbindungen:** Corralejo/ Fuerteventura (mehrmals tgl.); Boote nach Los Lobos.
- **Busverbindungen:** Arrecife via Puerto del Carmen (3- bis 5× tgl.).

Hotels

H10 Timanfaya Palace ●●–●●●

Großzügiges Strandresort im maurischen Stil, 300 m von der Playa Flamingo; Sauna und Solarium.

- Urb. Montaña Roja
- Tel. 928 51 76 76
- www.hotelh10timanfayapalace.com

H10 Sentido White Suites ●●

Beliebte Club-Apartmentanlage in einem üppig-grünen Park samt kleinem Wasserfall.

- Calle Janubio, 1
- Tel. 928 51 70 37
- www.hotelh10bahiablancarock.com

Restaurants

El Maño ●●

Tolle Lage direkt am Meer

- Marina Rubicón
- Tel. 928 51 87 12

Traumhaft – die Papagayo-Strände

Der Nationalpark Timanfaya lässt sich auch auf einem Kamel erkunden

Casa Roja ●●
Das rote Haus nahe dem Jachthafen weiß durch die ins Wasser gebaute Terrasse zu gefallen.
▮ Marina Rubicón | Tel. 928 51 96 44

Nightlife

Café del Mar
Chill-out-Musik im Ibiza-Ableger.
▮ Marina Rubicón

10 **Nationalpark Timanfaya 6

Glanzpunkt einer Lanzarote-Reise ist der Besuch des Nationalparks Timanfaya. Nach den verheerenden Vukanausbrüchen im 18. Jh. bildeten sich etwa hundert neue Vulkankegel – die **Montañas del Fuego** (Feuerberge); der für den Nationalpark namensgebende Krater ist die 478 m hohe **Montaña de Timanfaya.**

Der Zutritt zum Park ist streng reglementiert. Vom Parkplatz am **Islote de Hilario** wird eine Bustour angeboten, auf der die Entstehungsgeschichte und die Besonderheiten der Region erklärt werden. Wanderer können die bizarre Landschaft auf dem von Nationalparkrangern geführten vulkanologischen Lehrpfad zur **Montaña de Tremesana** (329 m) erkunden. Anmeldungen sind nur über das Internet möglich (www.reservasparquesnacionales.es) , in der Hochsaison sind die kos-

Erst-! klassig

SEITENBLICK

Als die Erde aufbrach …

Es war der Abend des 1. September 1730, als sich die Erde auftat und aus weiten Schlünden feuerrote Lavaströme in die Timanfaya-Region spuckte. Nicht nur, dass die glühenden Fontänen die Nacht zum Tag machten: Aus etwa hundert neu aufgeschütteten Vulkankegeln ergoss sich ein Ascheregen auf die Insel und begrub zehn Dörfer unter hohem Auswurfmaterial. Das Inferno dauerte sechs Jahre, ein Drittel der Inselfläche versank in Schutt und Asche. Wie durch ein Wunder waren keine Toten zu beklagen, doch Tausende mussten auf die Nachbarinseln fliehen.

tenlosen Touren mitunter schon Wochen im Voraus ausgebucht.

Infos

Centro de Visitantes

- Carretera Yaiza–Mancha Blanca, km 11,5 | Tel. 928 11 80 42
- Tgl. 9–17 Uhr

Restaurant

El Diablo

Von Manrique entworfenes Ausflugslokal; Spezialität: Steaks vom Vulkangrill.

- Islote de Hilario | Tel. 928 84 00 57

*Monumento al Campesino 7

Im geografischen Zentrum Lanzarotes setzt Manriques aus Wasserkanistern zusammengeschweißtes abstraktes ***Monumento al Campesino** Bauern und Fischern ein weithin sichtbares Denkmal. Im Stil eines traditionellen Bauerngehöfts vereint die benachbarte **Casa Museo del Campesino** ein heimatkundliches Museum (tgl. 11–18 Uhr), ein Keramikstudio sowie einen Landgasthof (Tel. 928 52 01 36, ●●).

11 **Fundación César Manrique 8

Im ehemaligen Wohnhaus César Manriques ist heute die nach ihm benannte Stiftung untergebracht. Die extravagant gestalteten, unterirdischen Wohnblasen wurden zu einer Wallfahrtsstätte für Architekten. Ebenfalls zu besichtigen ist Manriques Privatsammlung, die neben eigenen Arbeiten auch Werke von Picasso und Miró umfasst (Carretera San Bartolomé, www.fcmanrique.org, tgl. 10–18 Uhr). Erst-! klassig

*Teguise 9

Teguise wurde 1406 von den Spaniern als erste Siedlung auf den Kanaren gegründet. Die Altstadt prunkt

Meisterwerke von César Manrique

Erst-! klassig

- Manrique hatte ein sicheres Gespür für dramatische Aussichtsplätze – so steht das Panoramalokal **Mirador de la Peña** (El Hierro) genau am richtigen Platz › **S. 92.**
- Ebenfalls nicht besser könnte die Lokalität für den wie ein Adlerhorst am Fels klebenden **Mirador César Manrique** hoch über dem Palmental von Valle Gran Rey (La Gomera) gewählt sein › **S. 84.**
- Auf Lanzarote kann man das extravagante ehemalige Wohnhaus des Künstlers besichtigen, in dem heute die **Fundación César Manrique** untergebracht ist › **S. 133.**
- Die Lavagrotten von **Jameos del Agua** gelten vielen als das schöpferische Hauptwerk von Manrique – ein überaus faszinierendes Zusammenspiel von Kunst und Natur › **S. 135.**
- Der **Lago Martiánez** (Teneriffa) ist zweifelsohne die schönste Badelandschaft der Kanaren. Fächerpalmen sorgen für karibisches Flair und lassen selbst das Meer vergessen › **S. 62.**

› Karte S. 126

Die Lavagrotten Jameos del Agua

mit alten Bürgerpalästen und Klöstern. Hoch über der Stadt hält die Festung **Castillo Santa Barbara** Wacht; trotzdem konnte nicht verhindert werden, dass Teguise wiederholt von Piraten heimgesucht wurde. Vor allem die ehemalige Bischofskirche **Nuestra Señora de Guadalupe** fiel wiederholt Flammen zum Opfer; die neoklassizistischen Stilelemente verraten den Zeitpunkt ihres letzten Wiederaufbaus.

Unter den sehenswerten Herrenhäusern ragt der **Palacio de Spínola** hervor. Ursprünglich als Residenz der Generalkapitäne der Insel erbaut, vermittelt der Bürgerpalast eine Vorstellung vom Repräsentationsbedürfnis der späteren Besitzer, einer bedeutenden Kaufmannsdynastie aus Genua. Hier befindet sich heute ein Timple-Museum (www.casadeltimple.org, tgl. 9–15 Uhr).

Berühmt ist Teguise wegen des bunten ***Mercadillo,** der die historische Altstadt jeden Sonntagvormittag in einen Rummelplatz verwandelt (9–14 Uhr). Außerdem hat sich im Ort eine alternative Kulturszene etabliert; viele Künstler und ausländische Einwanderer richteten in den rustikalen Stadthäusern ausgefallene Ateliers, schicke Boutiquen und gemütliche Restaurants ein.

Restaurants

Ikarus ●●
Gehobene internationale Küche in einem restaurierten Herrenhaus. Di–Sa ab 19 Uhr, So auch vormittags.
▮ Plaza 18 de Julio
▮ Tel. 928 84 53 32

Acatife ●●
Das Lokal bietet ambitionierte kanarische Küche, die Weinkarte kann sich sehen lassen.
▮ San Miguel, 4 | Tel. 928 84 50 37

Lagomar ●●
Schickeria-Lokal vor der imposanten Kulisse eines ehemaligen Steinbruchs im Nachbarort. Mo Ruhetag.
▮ Calle los Loros, 6 | Oasis de Nazaret
▮ Tel. 928 84 56 65

Costa Teguise 10

Die Ferienstadt nordöstlich von Arrecife entstand in den 1970er-Jahren an einem bis zu diesem Zeitpunkt unberührten Küstenstrich. Das von César Manrique geschaffene **Pueblo Marinero** galt lange als Vorbild für eine der lokalen Tradition verpflichtete Bauweise. Kleine Badebuchten und ein gutes Sportangebot mit Tauch- und Surfstationen sowie einem 18-Loch-

12

Golfplatz › S. 20 machen den trotz seiner Größe relativ ruhigen Badeort zu einem bevorzugten Domizil für einen sportlich-aktiven Familienurlaub.

Hotels

Oasis de Lanzarote ●●●
Elegantes Großhotel mit direktem Strandzugang. Es gibt Familienzimmer.
- Avenida del Mar
- Tel. 928 59 04 10
- www.hoteloasisdelanzarote.com

El Guarapo ●
Die einfach ausgestatteten Apartments ohne Meerblick liegen ein paar Gehminuten vom Strand entfernt, sind dafür sehr günstig.
- Tabaibas, 10 | Tel. 928 59 00 57
- www.elguarapo.com

Restaurant

Mesón La Jordana ●●●
Das alteingesessene Lokal bietet gehobene spanische Spezialitäten.
- C.C. Lanzarote Bay
- Tel. 928 59 03 28

**Jameos del Agua 11

Die Lavagrotten ****Jameos del Agua** ziehen jährlich mehr als eine halbe Million Menschen in ihren Bann. Das Umfeld der teils eingestürzten Höhle wurde von César Manrique in ein kunstvolles Ensemble transformiert – mit von Palmen umstandenem Pool, in den Lavawänden platzierten Bars und einem wegen seiner außergewöhnlich guten Akustik gerühmten Auditorium. Unter der gewölbten Höhlendecke liegt eine unterirdische Lagune, in der sich Myriaden von nur fingernagelgroßen Albinokrebsen tummeln (tgl. 10–18.30 Uhr, abends Eintritt inkl. Dinner und Folkloreshow, Di und Sa 19–24 Uhr).

Erst-! klassig

Zum selben Höhlensystem, das vom Vulkan **Monte Corona** ausgeht, gehört die ****Cueva de los Verdes.** Enge Gänge weiten sich plötzlich zu riesigen unterirdischen Hallen, die mehr als tausend Menschen fassen. In einem kleinen See spiegelt sich gestochen scharf das Deckengewölbe und täuscht einen tiefen Abgrund vor (tgl. 10–17 Uhr).

*Haría 12

Ein außerordentlich liebliches Tal – auch als »Tal der tausend Palmen« bekannt – bildet die Kulisse von ***Haría.** Verwinkelte Gassen und die weiße, schlichte Dorfarchitektur, geruhsame Plazas und blühende Vorgärten geben dem Dorf einen beschaulichen Charakter. Um den Ort herum werden auf schön terrassierten Feldern Kartoffeln und Zwiebeln kultiviert – für die ansonsten trockene Vulkaninsel eine kleine Sensation. Auf der **Plaza León y Castillo** findet samstags ein kleiner Bauern- und Kunsthandwerkermarkt statt.

Erst-! klassig

Jüngst eingerichtet wurde das **Casa-Museo César Manrique.** In dem in einem hübschen Palmenhain gelegenen Haus verbrachte der Künstler seinen letzten Lebensjahre (Tel. 928 84 31 38, www.fcmanrique.org, tgl. 10.30–14.30 Uhr, Ticketvorbestellung empfohlen).

Infos von A–Z

Ärztliche Versorgung

In den großen Ferienzentren praktizieren viele deutschsprachige Ärzte, deren Adressen man an der Hotelrezeption oder aus den deutschsprachigen Inselzeitungen erfährt. Ernstere Fälle werden an das jeweilige Inselkrankenhaus (Hospital Insular) überwiesen. Auf La Gomera und El Hierro lässt die medizinische Versorgung noch zu wünschen übrig; bei komplizierteren Fällen empfiehlt sich daher die Überführung in die Universitätsklinik von La Laguna (Tel. 922 67 80 00) auf Teneriffa.

Mitglieder der gesetzlichen Krankenkassen können sich bei staatlich zugelassenen Ärzten nach Vorlage der Europäischen Krankenversicherungskarte (EHIC) behandeln lassen. Empfehlenswert ist der Abschluss einer privaten Reise-Zusatzversicherung, die freie Arztwahl und den Rücktransport ins Heimatland bei medizinischer Notwendigkeit einschließt.

Diplomatische Vertretungen

Konsulate auf Gran Canaria

- **Deutschland:**
  Calle Albareda, 3 (2. Stock)
  35007 Las Palmas de Gran Canaria
  Tel. 928 49 18 80
  Tel. 659 51 76 00 (nur Notfall)
  Fax 928 26 27 31
  www.las-palmas.diplo.de
  Mo–Fr 9–12 Uhr
- **Österreich:**
  c/o Hotel Eugenia Victoria
  Avenida de Gran Canaria, 26
  35300 Playa del Inglés
  Tel. 928 76 25 00 | Fax 928 76 22 60

Panorama von Santa Cruz de Tenerife mit dem markanten Auditorio

Mo–Fr 10–13 Uhr
www.bmeia.gv.at

- **Schweiz:**
  Urb. Bahía Feliz | Edificio de Oficinas
  35107 Playa de Tarajalillo
  Gran Canaria
  Tel. 928 15 79 79 | Fax 928 15 79 00
  Mo–Fr 9–13 Uhr
  www.eda.admin.ch

Einreise

Für Deutsche, Österreicher und Schweizer genügt zur Einreise der Personalausweis bzw. die nationale Identitätskarte. Mitreisende Kinder benötigen eigene Ausweisdokumente. Schweizer, die sich über drei Monate auf den Kanarischen Inseln aufhalten wollen, brauchen ein Visum.

Feiertage

Gesetzlich festgelegte Feiertage: 1. Jan. (Año Nuevo), 6. Jan. (Los Reyes), 19. März (San José), Gründonnerstag (Jueves Santo), Karfreitag (Viernes Santo), 1. Mai (Día del Trabajo), Fronleichnam (Corpus Cristi), 25. Juli (Santiago), 15. Aug. (Asunción), 25. Aug. (Derrota de Nelson), 12. Okt. (Día de la Hispanidad), 1. Nov. (Todos los Santos), 6. Dez. (Día de la Constitución), 8. Dez. (Immaculada Concepción), 25. Dez. (Navidad). Dazu kommen weitere Feiertage, die nur lokal begangen werden.

FKK

An den vornehmlich von Touristen frequentierten Stränden ist oben ohne weit verbreitet, obwohl die Canarios auf züchtige Badekleidung Wert legen. An den von Einheimischen bevorzugten Stränden sollte man dies respektieren. FKK wird nur an wenigen einsamen Badebuchten geduldet.

Eine Ausnahme ist Fuerteventura: An den langen Sandstränden von Corralejo

und Jandía gilt Nacktbaden schon fast als Norm. Eine bekannte FKK-Enklave stellt Charco del Palo an der Ostküste Lanzarotes dar.

Geld

Offizielles Zahlungsmittel in Spanien ist der Euro (€), für Deutsche und Österreicher entfällt somit der Umtausch. Wechselkurs für Schweizer Franken: 1 € = 1,23 CHF, 1 CHF = 0,81 €.

Mit Bankkarte (Maestro oder VPay) und Geheimzahl kann man in größeren Inselorten Geld an Automaten abheben. Kreditkarten (u.a. Mastercard, Visa) werden in den Ferienorten in vielen Hotels, Tankstellen, Supermärkten und in gehobenen Restaurants weitgehend akzeptiert.

Haustiere

Für Haustiere, die auf die Kanarischen Inseln mitreisen, muss ein EU-Heimtierpass mit gültiger Tollwut-Schutzimpfung vorgelegt werden. Darüber hinaus müssen die Tiere mit einem Mikrochip gekennzeichnet sein.

Information

Die Spanischen Fremdenverkehrsämter erteilen Auskunft, gerne per Mail-Anfragen.

Deutschland:

- 10707 Berlin
  Litzenburgerstr. 99, 5. OG
  infoberlin@tourspain.es
- 40237 Düsseldorf
  Grafenberger Allee 100
  infoduesseldorf@tourspain.es
- 60323 Frankfurt/Main | Myliusstr. 14
  infofrankfurt@tourspain.es
- 80051 München
  Postfach 15 19 40
  munich@tourspain.es

Österreich:

- 1010 Wien | Walfischgasse 8
  viena@tourspain.es

Schweiz:

- 8008 Zürich | Seefeldstr. 19
  zurich@tourspain.es
- **Im Internet:** www.spain.info
- **Vor Ort** informieren die Büros des Patronato de Turismo (Adressen siehe Reiseteil).

Notruf

- Zentraler Notruf: Tel. 112
- Polizeilicher Notruf: Tel. 062
- Sperr-Notruf (bei Verlust von Kredit- und Bankkarten): Tel. 0049/116 116
  www.sperr-notruf.de

Öffnungszeiten

Die Geschäfte haben in der Regel Mo bis Fr 9–13 Uhr und 16–20 Uhr geöffnet, Sa nur vormittags. In den touristischen Zonen sind Supermärkte durchgehend, z.T. auch sonntags offen. Post und Banken sind Mo–Fr 9–14 und Sa 9–13 Uhr geöffnet; im Sommer haben viele Banken Sa geschlossen.

Post

Briefe bis 20 g und Postkarten innerhalb der EU und in die Schweiz kosten 75 Cent und sind von/nach Mitteleuropa etwa eine Woche unterwegs. Briefmarken gibt es außer am Postschalter auch an vielen Hotelrezeptionen.

Presse und TV

Die auflagenstärksten deutschsprachigen Zeitungen sind die auf Teneriffa erscheinende Wochenzeitung »Kanaren Express« (www.kanarenexpress.com) und das alle 14 Tage herausgegebene »Wochenblatt« (www.wochenblatt.es) mit Inselnachrichten Veranstaltungstipps und Kleinanzeigen. Lokale Anzeiger in deutscher Sprache gibt es auch bis auf El Hierro auf alle anderen Inseln.

Via Satellit sind die wichtigsten deutschen Fernsehprogramme zu empfangen.

Sicherheit

In den Metropolen, allen voran Las Palmas, aber auch in den großen Touristenorten, ist die Kriminalitätsrate hoch. Lassen Sie nichts im Auto liegen und deponieren Sie Wertsachen unbedingt im Hotelsafe.

Shopping

Beliebte Souvenirs sind nach Guanchenart hergestellte Töpferwaren, Hohlsaumstickereien und Korbwaren aus Palmwedeln. Für auf den Inseln hergestellte Produkte garantieren die Labels Fedac (Gran Canaria) und Artenerife (Teneriffa). An kulinarischen Spezialitäten bieten sich Weine, Ziegenkäse und Mojosaucen an.

In letzter Minute können in den Abflughallen der Hauptinseln auch flugsicher verpackte Strelitzien erstanden werden.

Telefonieren

Ferngespräche sind von allen öffentlichen Telefonapparaten möglich, am bequemsten telefoniert es sich mit einer Telefonkarte *(tarjeta telefónica).*

Landesvorwahlen:

- nach Deutschland: 00 49
- nach Österreich: 00 43
- in die Schweiz: 00 41
- nach Spanien/Kanarische Inseln: 00 34

In Spanien gibt es drei Mobiltelefon-Netze, die als Roaming-Partner zur Verfügung stehen: Airtel, Movistar und Vodafone. In allen Barrancos muss man mit Empfangsproblemen rechnen.

Trinkgeld

Im Restaurant und bei Taxifahrten ist das Geld für die Bedienung in der Rechnung inbegriffen. Bei zufriedenstellendem Service gibt man 5–10 % Trinkgeld *(propina).* Zimmermädchen erhalten ca. 5 € pro Woche.

Trinkwasser

Leitungswasser ist zum Waschen unbedenklich. Das oft entsalzene und chemisch behandelte Leitungswasser ist zum Trinken allerdings nicht geeignet. Zum Trinken, Kochen und Zähneputzen nimmt man daher besser Wasserflaschen aus dem Supermarkt (gibt es auch in großen 5-l-Kanistern).

Zeit

Abweichend vom spanischen Festland liegen die Kanarischen Inseln in der westeuropäischen Zeitzone (WEZ), d.h. auch zur Sommerzeit wird bei der Ankunft die Uhr eine Stunde zurückgestellt.

Zoll

Die Kanaren sind noch immer Freihandelszone, deshalb gibt es bei der Einreise keine Zollkontrollen.

Bei der Rückreise nach Deutschland, Österreich und in die Schweiz gelten die folgenden Freigrenzen (wegen des Sonderstatus niedriger als EU-üblich): 200 Zigaretten, 100 Zigarillos, 50 Zigarren oder 250 g Tabak; 1 l Spirituosen über oder 2 l unter 22 Vol.-% oder 2 l Schaum- oder Likörwein, dazu 2 l Tischwein; 50 ml Parfüm und 0,25 l Eau de Toilette.

Souvenirs sind bis zu einem Gesamtwert von 430 € bzw. 300 CHF pro Person zollfrei.

Urlaubskasse	
Tasse Kaffee	1,20–2 €
Softdrink	1,50 €
Glas Bier	2 €
Tapas	ab 2 €
Kugel Eis	1,50–2 €
Taxifahrt (10 km)	8 €
Mietwagen/Tag	ab 30 €

Register

Bildnachweis

Coverfoto: Gran Canaria Westküste © LOOK-foto/Sabine Lubenow
Fotos Umschlagrückseite: © Fotolia/N. Sinjushina & E. Meyke (links); Shutterstock/Tamara Kulikova (Mitte), Fotolia/Karsten Thiele (rechts)

Alamy/David Klipatrick: 10; Bildagentur Huber/R. Schmid: 22, 44, 58, 73, 95, 112, 117, 124, 125, U2-3; Bildagentur Huber/Thiele: 37; Ernst Wrba: 28, 20, 42, 43; Fotolia//fotoholgio: 52; Fotolia/Jürgen Effner: 60; Gerold Jung: 19, 86; Herbert Hartmann: 41, 46, 61; Jo Scholten: 70, 107, 119; Klaus Thiele: 63, 109; laif/Anna Neumann: 122; laif/hemis: 33, 65; laif/Michael Amme: 24; laif/Monica Gumm: 79; laif/Piepenburg: 17; laif/Schoene: 83; laif/Tophoven: 94, U2-1; laif/Zanettini: 88; LOOK-foto/age fotostock: 129, U2-4; LOOK-foto/Franz Marc Frei: 6; LOOK-foto/Hauke Dressler: 132; LOOK-foto/Jürgen Richter: 75, 77, 110, 134, 136; LOOK-foto/TerraVista: 131; Marlis Kappelhoff: 102; mauritius images/Alamy: 16, 39, 104; mauritius images/SuperStock: 38; Pixelio/Gila: 34; Rainer Hackenberg: 55, 64, 92, U2-2; Rolf Goetz: 20, 21; Schapowalow: 84; Shutterstock/anyaivanova: 8; Shutterstock/holbox: 1, 27; Shutterstock/Ivalin: 12; Shutterstock/Manfred Steinbach: 50; Thomas Stankiewicz: 120

Liebe Leserin, lieber Leser,
wir freuen uns, dass Sie sich für diesen POLYGLOTT on tour entschieden haben. Unsere Autorinnen und Autoren sind für Sie unterwegs und recherchieren sehr gründlich, damit Sie mit aktuellen und zuverlässigen Informationen auf Reisen gehen können. Dennoch lassen sich Fehler nie ganz ausschließen. Wir bitten Sie um Verständnis, dass der Verlag dafür keine Haftung übernehmen kann.

Ihre Meinung ist uns wichtig. Bitte schreiben Sie uns:
TRAVEL HOUSE MEDIA GmbH, Redaktion POLYGLOTT, Grillparzerstraße 12,
81675 München, redaktion@polyglott.de
www.polyglott.de

Dieses Buch wurde auf chlorfrei gebleichtem Papier gedruckt.
ISBN 978-3-8464-9738-8

Verlagsleitung: Michaela Lienemann
Redaktionsleitung: Grit Müller
Autor: Rolf Goetz
Redaktion: Annette Pundsack, Köln
Bildredaktion: Ulrich Reißer, Stefan Scholtz
Layoutkonzept/Titeldesign: Gramisci Editorialdesign, München, und Ute Weber, Geretsried
Karten und Pläne: Sybille Rachfall
Satz: Tim Schulz, Mainz
Druck und Bindung: Firmengruppe APPL, aprinta druck, Wemding

PEFC
PEFC/04-32-0928

TRAVEL HOUSE MEDIA
Ein Unternehmen der
GANSKE VERLAGSGRUPPE

Langenscheidt Mini-Dolmetscher Spanisch

Allgemeines

Guten Tag.	Buenos días. [buenos **di**as]
Hallo!	¡Hola! [**o**la]
Wie geht's?	¿Qué tal? [ke tal]
Danke, gut.	Bien, gracias. [bjen **gra**θjas]
Ich heiße ...	Me llamo ... [me **lja**mo]
Auf Wiedersehen.	Adiós. [**adjos**]
Morgen	mañana [ma**nja**na]
Nachmittag	tarde [**tar**de]
Abend	tarde [**tar**de]
Nacht	noche [**no**tsche]
morgen	mañana [ma**nja**na]
heute	hoy [oi]
gestern	ayer [a**jer**]
Sprechen Sie Deutsch / Englisch?	¿Habla usted alemán / inglés? [abla us**ted** ale**man** / in**gles**]
Wie bitte?	¿Cómo? [**ko**mo]
Ich verstehe nicht.	No he entendido. [no e enten**di**do]
Wiederholen Sie bitte.	Por favor, repítalo. [por fa**wor** re**pi**talo]
..., bitte.	..., por favor. [por fa**wor**]
danke	gracias [**gra**θjas]
Keine Ursache.	De nada. [de **na**da]
was / wer / welcher	qué / quién / cuál [ke / kjen / ku**al**]
wo / wohin	dónde / adónde [**don**de / a**don**de]
wie / wie viel / wann / wie lange	cómo / cuánto / cuándo / cuánto tiempo [**ko**mo / ku**an**to / ku**an**do / ku**an**to **tjem**po]
Warum?	¿por qué? [por **ke**]
Wie heißt das?	¿Cómo se llama esto? [**ko**mo ße **lja**ma **es**to]
Wo ist ...?	¿Dónde está ...? [**don**de es**ta** ...]
Können Sie mir helfen?	¿Podría usted ayudarme? [po**dri**a us**ted** aju**dar**me]
ja	sí [ßi]
nein	no [no]
Entschuldigen Sie.	Perdón. [per**don**]
Das macht nichts.	No pasa nada. [no **pa**ßa **na**da]

Shopping

Wo gibt es ...?	¿Dónde hay ...? [**don**de ai]
Wie viel kostet das?	¿Cuánto cuesta? [ku**an**to ku**es**ta]
Ich nehme es.	Me lo llevo. [me lo **lje**vo]
Wo ist eine Bank?	¿Dónde hay un banco? [**don**de ai um **ban**ko]
Ich suche einen Geldautomaten.	Busco un cajero automático. [**bus**ko un ka**che**ro auto**ma**tiko]
Geben Sie mir bitte 100 g Käse.	Por favor, déme cien gramos de queso. [por fa**wor de**me θjen **gra**mos de **ke**ßo]
Haben Sie deutsche Zeitungen?	¿Tienen periódicos alemanes? [**tje**nen per**jo**dikos ale**ma**nes]
Wo kann ich telefonieren / eine Telefonkarte kaufen?	¿Dónde puedo llamar por teléfono / comprar una tarjeta telefónica? [**don**de puedo lja**mar** por tele**fo**no / kom**prar u**na tar**che**ta tele**fo**nika]

Essen und Trinken

Die Speisekarte, bitte.	La carta, por favor. [la **kar**ta, por fa**wor**]
Brot	pan [pan]
Kaffee	café [ka**fe**]
Tee	té [te]
mit Milch / Zucker	con leche / azúcar [kon **le**tsche / a**θu**kar]
Orangensaft	zumo de naranja [**θu**mo de na**ran**cha]
Mehr Kaffee, bitte.	Más café, por favor. [mas ka**fe** por fa**wor**]
Suppe	sopa [**ßo**pa]
Fisch	pescado [pes**ka**do]
Meeresfrüchte	mariscos [ma**ris**kos]
Fleisch	carne [**kar**ne]
Geflügel	aves [**a**wes]
Reis	arroz [a**rros**]
Beilage	guarnición [guarni**θjon**]
vegetarische Gerichte	comida vegetariana [ko**mi**da vecheta**rja**na]
Eier	huevos [**ue**wos]
Salat	ensalada [enßa**la**da]
Dessert	postre [**pos**tre]
Obst	fruta [**fru**ta]
Eis	helado [e**la**do]
Wein	vino [**bi**no]
weiß / rot / rosé	blanco / tinto / rosado [**blan**ko / **tin**to / ro**ßa**do]
Bier	cerveza [θer**we**θa]
Wasser	agua [**a**gua]
Mineralwasser	agua mineral [**a**gua mine**ral**]
mit / ohne Kohlensäure	con / sin gas [kon / ßin gas]
Limonade	gaseosa [gaße**o**ßa]
Ich möchte bitte zahlen.	La cuenta, por favor. [la ku**en**ta por fa**wor**]